本书稿为吉林省教育科学"十四五"规划年度课题"概念隐喻视域下的汉英翻译教学模式研究"（GH24349）的阶段性成果

乔治·莱考夫
概念隐喻思想研究

李庆丽 著

中国社会科学出版社

图书在版编目（CIP）数据

乔治·莱考夫概念隐喻思想研究 / 李庆丽著.

北京：中国社会科学出版社，2024.12. -- ISBN 978-7-5227-4371-4

Ⅰ．H05

中国国家版本馆 CIP 数据核字第 2024Z150A5 号

出 版 人	赵剑英
责任编辑	刘　芳
责任校对	王　潇
责任印制	李寡寡

出　　版	中国社会科学出版社
社　　址	北京鼓楼西大街甲 158 号
邮　　编	100720
网　　址	http://www.csspw.cn
发 行 部	010-84083685
门 市 部	010-84029450
经　　销	新华书店及其他书店
印　　刷	北京明恒达印务有限公司
装　　订	廊坊市广阳区广增装订厂
版　　次	2024 年 12 月第 1 版
印　　次	2024 年 12 月第 1 次印刷
开　　本	710×1000　1/16
印　　张	10.75
插　　页	2
字　　数	161 千字
定　　价	59.00 元

凡购买中国社会科学出版社图书，如有质量问题请与本社营销中心联系调换

电话：010-84083683

版权所有　侵权必究

前　言

最初，隐喻作为一种语言修辞手法被理解。近些年来，越来越多的哲学家、认知科学家、语言学家意识到在人们的认知中普遍存在着隐喻，甚至可以说它是人类认知层面的重要思维方式。莱考夫的隐喻思想比较系统地代表了人们对隐喻的这样一种新的认识。因此，对莱考夫的概念隐喻思想进行详尽的梳理与深入的研究，不仅具备理论价值，更对我们理解和发展隐喻理论具有重要的意义。本书主要从概念隐喻的理据溯源、概念隐喻的基本性质、概念隐喻的范畴重构、概念隐喻的真理审思、概念隐喻的亲身哲学蕴涵等几方面对莱考夫概念隐喻思想进行深入探究。

第一章主要论述概念隐喻的思想来源与理论基础，探讨概念隐喻对传统西方隐喻研究的继承、批判与创造。莱考夫概念隐喻的提出及理论思想的形成，汲取了西方传统隐喻理论的精华，并重新审视了各理论核心观点的不足和各流派的质疑盲点。传统西方隐喻研究的主要理论经历了替代论、比较论、互动论、创新论和传导隐喻理论等，隐喻的本质或作用被先后认为是语言修辞、互动关联、意义传送，逐渐发展到与人类思维相关。到20世纪80年代，莱考夫和约翰逊首次提出了概念隐喻，认为隐喻是人类语言概念系统得以形成的基础，隐喻直接参与人类认知过程，是人类生存的基本方式，这将人们对隐喻的认识提升到全新的高度，使隐喻正式纳入认知科学的新领域。

第二章论证了概念隐喻的基本性质，包括概念隐喻的内涵、特点、工作机制和分类演进。概念隐喻是隐喻性概念系统形成与运演的一种知识活动，也是人们思维层面的一种认知活动。概念隐喻表现出系统性、连贯性和亲身性的特点。概念隐喻的特殊工作机制包括隐喻映射、意象图式和亲身心智的神经机理等。它最初被划分为方位隐喻、本体隐喻和结构隐喻，这种分类方式来自莱考夫对人与自然环境、外部世界的互动作用的认识，反映出概念隐喻思想对"人的经验"的特殊重视。概念隐喻的早期分类虽然影响颇深，但在不同的类别范畴上存在片面、非系统性的问题，如内容相互重合、类别等级模糊等。在后期分类中，对此做出了进一步修正和完善，将其重新划分为基本隐喻和复杂隐喻，更加成熟地解释和说明了概念隐喻的习得过程和推理机制。

第三章介绍了莱考夫概念隐喻相关研究成果中最为丰富、成熟，也最具影响力的范畴与范畴化研究。范畴研究在概念隐喻思想的理论延伸及哲学探讨中具有举足轻重的地位，是本书的重点。经典范畴理论认为范畴是客观的、固定的、僵化的、与人无关的。莱考夫则认为范畴与范畴化过程与人有关，具有亲身性，是动态的，这使得传统范畴的客观性和固定性被消解，使范畴研究变得边界模糊化。范畴建构理论是概念隐喻的重要组成部分，书中描述了辐射状范畴的结构样态，剖析了人们范畴化过程的操作原则、语言组构机制、认知模式等，揭示了挑战客观主义基础哲学预设和开辟经验实在主义进路的概念隐喻范畴重构的哲学意义。

第四章是对发端于莱考夫概念隐喻思想的真理问题的探究。本书认为莱考夫认知观对哲学基本问题的探究，尤其是对真理的审思是基于概念隐喻基本理论形成和范畴重构之上的一个思辨过程。莱考夫批判了纯粹客观主义和主观主义的真理观，形成了独立于客观主义和主观主义的另一思想建构，即新的经验主义真理观；具体可见于他对宏观层面"真理之真"和微观层面"真实之真"的本质探讨。这种真理观是基于概念隐喻的一种建构真理观，充分展现了其思想精髓和理论本质，即真理与真实均取决于人类理解。同时，本书认为这种真理观也存在着理论上的不足，表现为概念隐喻真理观的语境性局限。

第五章探讨了莱考夫亲身哲学的提出和概念隐喻的亲身哲学蕴涵。深入分析了莱考夫亲身哲学的认知科学基础，概括了亲身哲学的意蕴内涵，亲身哲学是以经验为主的哲学，意在区别于离身的先验哲学。亲身哲学思想主要回应了关于人的本质、什么是进化和心智亲身性的三个关键问题。相较于西方传统哲学，亲身哲学是一种实证可靠的哲学，可以促进哲学和认知科学的有效对话和彼此丰富，为人类心智哲学的发展提供了可借鉴的路径。

本书通过对莱考夫概念隐喻思想兴起、发展过程、产生影响的系统性梳理、阐释和分析，试图以概念隐喻为枢纽，在理解概念隐喻基本性质以及发端于概念隐喻的范畴重构研究、真理观建构和亲身哲学思想之间的内在联系的前提下，使这些原创而开放的思想观点呈现出一种整体脉络和整体性框架。同时，也在一定程度上促进了对莱考夫概念隐喻思想的更为全面和系统的理解。

不可否认，概念隐喻理论确立了隐喻研究进程中崭新的历史方向标。概念隐喻以独特的亲身性视角直指人类感知、思维、语言和行动之间的本质联系，直视心智与理性而来的认知科学观及基本哲学问题，冲破西方传统隐喻思想和哲学理论的桎梏，开辟了第二代认知科学理论与实践的研究场域。基于概念隐喻思想而形成的认知无意识、心智亲身性、隐喻性思维等重大发现，建构了独特的亲身哲学思想，赋予隐喻不同以往的学术研究价值和实际应用价值，给予概念隐喻思想不断创新发展的理论源泉。

目　　录

绪　论 / 1

第一章　概念隐喻的理据溯源 / 14
　　第一节　替代论和比较论：隐喻即修辞 / 15
　　第二节　互动论：隐喻即关联 / 21
　　第三节　创新论：隐喻即思维 / 25
　　第四节　传导隐喻：隐喻即传送 / 29
　　第五节　莱考夫的概念隐喻：隐喻即认知 / 34

第二章　概念隐喻的基本性质 / 42
　　第一节　概念隐喻的内涵 / 43
　　第二节　概念隐喻的特点 / 50
　　第三节　概念隐喻的工作机制 / 56
　　第四节　概念隐喻的分类演进 / 61

第三章　概念隐喻的范畴重构 / 71
　　第一节　隐喻范畴重构的理论基础 / 72
　　第二节　经验主义下的范畴重构 / 83

　　　　第三节　概念隐喻范畴重构的哲学意义 / 98

第四章　概念隐喻的真理审思 / 103
　　　　第一节　莱考夫认知主义的真理观 / 104
　　　　第二节　概念隐喻真理中的真实研判 / 112
　　　　第三节　概念隐喻真理观评析 / 119

第五章　概念隐喻的亲身哲学蕴涵 / 123
　　　　第一节　哲学的认知科学发展 / 123
　　　　第二节　亲身哲学的认知科学基础 / 129
　　　　第三节　亲身哲学的理论建构 / 136

结　语 / 145

参考文献 / 149

绪　　论

隐喻的研究由来已久，从古希腊开始至今已经有两千多年。人们很早就认识到人类的语言中充满隐喻，不过传统隐喻观把隐喻看作修辞手段、一种语言现象，隐喻只能用在诗歌当中，即隐喻辅助语言实现某种特殊的修饰效果。从古至今，众多学者名家针对隐喻进行了大量具有深度和广度的研究，西方哲学中最早对隐喻进行系统性探索的思想家是亚里士多德（Aristotle）。而后，西塞罗（Cicero）、昆提良（Quitilian）、里查兹（I. A. Richards）、布莱克（Black M.）、里科尔（Ricoeur P.）、雷迪（Reddy M.）等对隐喻在语言学、修辞学、哲学的探讨，为隐喻的研究发展作出了不同程度的重要贡献，逐渐形成了传统西方隐喻研究的主要理论，从替代论、比较论、互动论、创新论到传导隐喻，人们对隐喻本质的认识不断更新。

1980 年，美国生成语义学、认知语言学主要创始人乔治·莱考夫（George Lakoff）和哲学家、认知科学家马克·约翰逊（Mark Johnson）在《哲学杂志》（*The Journal of Philosophy*）上发表了第一篇有关"概念隐喻"的论文《日常语言中的概念隐喻》（Conceptual Metaphor in Everyday Language），文中首次提出了"概念隐喻"（conceptual metaphor）。在同年出版的《我们赖以生存的隐喻》（*Metaphors We Live By*）中，莱考夫和约翰逊又对"概念隐喻"进行了较为详细的论述。莱考夫认为传统的隐喻理论具有较大的局限性，不应将隐喻仅视为一种特殊的语言修辞方式，而应认识到隐喻已深刻地影响了人类思维运作的基本方式，这主要体现在隐喻关乎具体概念对抽象概念的建构。不仅如此，莱考夫认为某些隐喻的相似性源自人类身体的关联体验，身体的关联体验使人们产生了对本体和喻体相似性的认识。概念隐喻思想破除了传统客观主义隐喻理论的局限，将隐喻视为概念建构，单一孤立的隐喻现象被归为概念建构的一个环节，对隐喻语句的解读也不再受限于内在属性的相似性。莱考夫的隐喻理论刷新了人们传统观念中对隐喻的认识，将隐喻视为理解思维和概念的关键问题。从此，对隐喻理论的认知发生了革命性的变化。

"概念隐喻"一经提出，在语言学、哲学和心理学等各学科领域引起了不小反响。它不仅影响了与语言有直接关系的词典编纂、语言教学的发展，更激发了那些从事隐喻理论研究、语言与思维关系研究和哲学思想研究的学者们对"概念隐喻"的兴趣。同时，莱考夫和约翰逊与其他研究者共同将"概念隐喻"相关研究进一步推广，将其广泛应用于文学分析以及政治、法律和数学等研究领域。"概念隐喻"在继承和发展语言学和哲学传统理论的基础上，拓展了这些理论的研究视角和思路，丰富了认知科学的研究内容，开辟了认知语言学的研究场域。

莱考夫概念隐喻思想的主要论著有三部。1980年的《我们赖以生存的隐喻》（*Metaphors We Live By*）被誉为认知语言学的开山之作，成为隐喻与认知研究的经典，他认为隐喻是人类思维的重要手段、人类生存的基本方式；1987年的《女人、火与危险事物：范畴显示的心智》（*Women, Fire and Dangerous Things: What Categories Reveal about the Mind*）通过对范畴的重构及范畴化过程的研究，明确了普遍存在于我们生活中的隐喻是解密语言背后的思维方式的事实，重新审视了人类认知模式，阐述了全新的经验主义及哲学启示；1999 年的《肉身哲学：亲身心智及其向西方思想的挑战》(*The Philosophy in the Flesh*: *The Embodied Mind and Its Challenge to Western Thought*) 建立了第二代认知科学思想，提出了认知无意识、心智亲身性和隐喻性思维的重要观点，梳理了哲学的认知科学基础，构建了莱考夫亲身哲学思想体系。

莱考夫概念隐喻思想历经 20 余年的理论研究与实践探索，对隐喻本质的揭示成了隐喻研究的经典，它关涉到人们对语言、思维、认知的起源探索、范畴形成、逻辑建构、观念生成，其理论对于人们重新理解认知、语言和哲学都有较大的帮助。因此，对莱考夫概念隐喻思想进行系统梳理具有重要的理论和实践意义。本书通过解读分析莱考夫概念隐喻思想的兴起和发展过程、基本原理及其哲学蕴涵，以期对概念隐喻理论进行全面系统的诠释，探究莱考夫概念隐喻思想的哲学精髓，展现该思想理论对心智哲学、认知语言学、心理学等多学科知识体系及哲学观发展的影响。

国外关于隐喻及概念隐喻理论的相关研究非常丰富。传统西方隐喻研究历经了多个重要理论阶段，包括替代论、比较论、互动论、创新论以及传导隐喻理论等。在这些理论的发展过程中，隐喻的本质和作用逐渐被认识为语言修辞、互动关联、意义传送，并最终深化到与人类思维紧密相连的层面。欧美国家是认知语言学的发源地，概念隐喻是认知语言学的主要研究对象之一，因而近半个世纪西方概念隐喻研究最为活跃。20 多年间，西方相继涌现出一批概念隐喻的研究学者及相关论著，概念隐喻理论开始被认可并得以迅速发展，其间产生的代表人物主要有莱考夫（G. Lakoff）、约翰逊（M. Johnson）、泰勒（J. R. Taylor）、凯（P. Kay）、特纳（M. Turner）、泰尔米（L. Talmy）等。这些代表人物以乔治·莱考夫最为突出，他是概念隐喻的创始者和领袖人物，他的研究生和许多同事也都加入概念隐喻研究的行列中，研究成果在学界产生了一定的影响。

莱考夫和他的合作者约翰逊在概念隐喻思想的几部主要论著中从认知视角重新定义了隐喻，① 深刻论述了范畴与范畴化研究，② 阐述了思维和意义之间的关系，使得人们深刻认识到认知科学对探究哲学核心问题的重要性，同时也使得发端于概念隐喻的亲身哲学③在学界产生了很大反响。概念隐喻思想的提出被称作一场新的"隐喻革命"（metaphoric revolution）。④ "概念隐喻"（conceptual metaphor）这一术语成为隐喻研究中的热词，从此在认知语言学上奠定了绝对的地位，开创了"概念隐喻"和"体验认知"一派。总体上，国外概念隐喻相关研究呈现出以下突出特点。

　　首先，国外概念隐喻理论相关研究视角广泛、层次多元，除了对语言与思维关系的着重探讨，更涉及其他人文学科对隐喻及思维隐喻性的跨领域探讨。在诗歌领域的诗性隐喻研究中，莱考夫与特纳分析了诗性隐喻的特点，尤其将诗性隐喻归入到概念隐喻的框架之中，进而说明认知框架中的基本隐喻（basic metaphor）才是导致诗性隐喻的源头。⑤ 特纳也曾在关于"隐喻与亲属"的探讨中提及并采用概念隐喻思想，⑥ 基于此，他后来所提出的"概念整合"理论成为认知语言学的另一大焦点问题。⑦ 以概念

---

　　① ［美］乔治·莱考夫、马克·约翰逊：《我们赖以生存的隐喻》，何文忠译，浙江大学出版社2015年版，第1—3页。
　　② ［美］乔治·莱考夫：《女人、火与危险事物：范畴显示的心智》，李葆嘉等译，世界图书出版公司2016年版，第98—121页。
　　③ ［美］乔治·莱考夫、马克·约翰逊：《肉身哲学：亲身心智及其向西方思想的挑战》，李葆嘉等译，世界图书出版公司2018年版，第577—587页。
　　④ 文旭：《国外认知语言学研究综观》，《外国语》1999年第4期。
　　⑤ George Lakoff and Mark Turner, *More Than Cool Reason: A Field Guide to Poetic Metaphor*, Chicago and London: The University of Chicago Press, 1989.
　　⑥ Mark Turner, *Death Is the Mother of Beauty: Mind, Metaphor, Criticism*, Chicago: University of Chicago, 1987.
　　⑦ Adele Goldberg, *Conceptual Structure, Discourse, and Language*, Stanford, CA: CSLI Publications, 1996.

隐喻研究为起点的关于道德的探讨使认知科学在伦理学研究领域有了进展。① 同样，在心理学、② 政治学、③ 数学、④ 音乐⑤等其他领域，概念隐喻研究在理论探索与实践应用中都展现出较为广阔的跨学科研究场域。

其次，国外概念隐喻理论研究呈现出大量的对人类语言概念系统的经验探索。从对抽象思维的理论研究层面发展到对具体实践经验的实证探索层面，比如对手势现象的研究，⑥ 或一些心理学实验的数据分析与证据支撑。⑦ 在概念隐喻的工作机制探索中，更是突破性地将概念隐喻置于神经科学和生物学的研究框架下。随后，借助现代新型影像技术，如磁共振成像⑧等，人们深入探索了人脑的思维活动，这些研究为概念隐喻理论提供了实证性、会聚性的支持，从而使得概念隐喻理论成为神经语言学领域的热点与前沿。莱考夫论述了概念隐喻在神经科学和神经语言学发展中的重要作用，⑨ 构想并分析了概念隐

---

① Mark Johnson, *Moral imagination: Implications of Cognitive Science for Ethics*, Chicago and London: The University of Chicago Press, 1993.
② Diego Fernandez-Duque and Mark Johnson, "Cause and Effect Theories of Attention: The role of conceptual metaphors", *Review of General Psychology*, Vol. 6, No. 2, 2002, pp. 153–165.
③ George Lakoff, *Moral Politics: How Liberals and Conservatives Think*, Chicago and London: The University of Chicago Press, 2004.
④ George Lakoff and Rafael Nunez, *Where Mathematics Come From: How the Embodied Mind Brings Mathematics into Being*, New York: Basic Books, 2002.
⑤ Mark Johnson and Steve Larson, "Something in the Way She Moves-Metaphors of Musical Motion", *Metaphor and Symbol*, Vol. 18, No. 2, 2003, pp. 63–79.
⑥ Alan Cienki and Cornelia Muller, "Metaphor, Gesture and Thought", in Raymond W. Gibbs Jr. ed., *The Cambridge Handbook of Metaphor and Thought*, Cambridge: Cambridge University Press, 2008, pp. 483–501.
⑦ Michael Slepian and Nalini Ambady, "Simulating Sensorimotor metaphors: Novel Metaphors Influence Sensory Judgments", *Cognition*, Vol. 130, No. 2, 2014, pp. 309–314.
⑧ Wang Xiaolu, "A Review of fMRI Investigations into the Neural Mechanisms of Metaphor Comprehension", *Chinese Journal of Applied Linguistics (Quarterly)*, No. 4, 2013, pp. 234–249.
⑨ Vittorio Gallese and George Lakoff, "The Brain's Concept: The Role of the Sensory-Motor System in Conceptual Knowledge", *Cognitive Neuropsychology*, Vol. 22, No. 3–4, 2005, pp. 455–479.

喻是一种可能的神经机制，①为后人对神经语言学的进一步阐述提供了思想启迪，比如费尔德曼（Jerome Feldman）据此诠释了神经语言学的主要思想及内容框架。②

最后，国外相关研究多为理论性研究，常以某代表性理论观点或专题进行学者论战与探究。福柯尼耶（G. Fauconnier）通过对隐喻研究的再反思对概念映射、概念整合等问题有了进一步深入探讨。③科维塞斯（Zoltán Kövecses）一直致力于隐喻和情感关系的研究，④他提供了一系列科学实验的结果对概念隐喻理论进行了有力的论证，2010年著有《隐喻实践导论》（*Metaphor：A Practical Introduction*），同时他还对隐喻与文化的关系卓有见解，2005年在剑桥大学出版社出版了《文化中的隐喻》（*Metaphor in Culture*）一书。於宁（Ning Yu）主要专注于隐喻与文化研究，运用概念隐喻理论框架并结合汉语语境分析了中国人对胆与胆量的理解，得出"胆囊是胆量的容器"这一结论。⑤2008年，吉布斯（Raymond W. Gibbs, Jr.）出版的论文集《剑桥隐喻与思维手册》（*The Cambridge Handbook of Metaphor and Thought*），收录了新时代概念隐喻的领军人物莱考夫、约翰逊、福柯尼耶、特纳及其他学者科维塞斯、乔拉（Rachel Giora）、於宁、叶夏亚·申等较有代表性的专业文章，展

---

① George Lakoff, "The Neural theory of metaphor", in Raymond W. Gibbs Jr. ed., *The Cambridge Handbook of Metaphor and Thought*, Cambridge: Cambridge University Press, 2008, pp. 17 – 38.

② Jercom Feldman, *From Molecule to Metaphor: A Neural Theory of Language*, Chicago and London: The MIT Press, 2006.

③ Gills Fauconnier, "Rethinking Metaphor", in Raymond W. Gibbs Jr. ed., *The Cambridge Handbook of Metaphor and Thought*, Cambridge: Cambridge University Press, 2008, pp. 53 – 66.

④ Zoltán Kövecses, "*Metaphor and Emotion*", in Raymond W. Gibbs Jr. ed., *The Cambridge Handbook of Metaphor and Thought*, Cambridge: Cambridge University Press, 2008, pp. 380 – 396.

⑤ Ning Yu, "Metaphor, Body and Culture: The Chinese Understanding of Gallbladder and Courage", *Metaphor and Symbol*, Vol. 18, 2003, pp. 13 – 31.

现了近几年来国际上较有影响的相关成果。该论文集共分为六章，对隐喻的根源、隐喻的理解、语言与文化中的隐喻、理性与情感中的隐喻、非语词表达中的隐喻等方面做了精彩论述，体现了当代概念隐喻发展的多元化趋势。

总之，国外概念隐喻理论相关研究内容丰富、视角多元，虽然以某一学者思想观点为核心的论述较少，但以理论观点为焦点的综合研究甚多，表现为对概念隐喻思想的理论性拓展、理论借鉴、观点批评或问题纠正等，这些有益探索都极大地促进了莱考夫概念隐喻思想的发展和创新。

国内的认知语言学发端较欧美国家稍晚一些，起步于20世纪80年代后期，几十年间隐喻及概念隐喻的研究成果不断涌现，主要著作集中于21世纪初，如2000年束定芳《隐喻学研究》、2001年赵艳芳《认知语言学概论》、2004年胡壮麟《认知隐喻学》和李福印《隐喻与认知》、2005年蓝纯《认知语言学与隐喻研究》、2006年彭增安《隐喻研究的新视角》、2007年郭贵春《隐喻、修辞与科学解释》、2009年魏纪东《篇章隐喻研究》等。2004年，北京航空航天大学邀请莱考夫和朗盖克等人赴北京作了关于认知语言学的讲座，外语教学与研究出版社就此出版了《乔治莱考夫认知语言学十讲》，对促进国内隐喻理论的繁荣发展作出了较大贡献。国内相关学术文献的数量较多，比较有代表性的研究者有石毓智、林书武、束定芳、李福印、王寅等，学者们大致从以下几个方面对概念隐喻进行了较为深入的研究。

第一，以引介评价为主的概念隐喻研究评析。国内最早引进莱考夫思想的作者是叶蜚声，通过对莱考夫面对面的访谈呈现了美国语言学发展的理论线索、发展趋向、历史根源等，其中也介绍了莱考夫概念隐喻及意象图式的观点。① 当时，"metaphors"仍被译成传统的汉语"比喻"，"image schemas"被译为"形象图式"，但莱考夫的隐喻认知思想已初步呈现。赵艳芳通过评介莱考夫与约翰逊著作《我们赖以生存的隐喻》介绍了概念隐喻理论，概述了语言和思维的隐喻概念体系，总结了隐喻概念理论对哲学和语言学理论的挑战。② 石毓智介绍了莱考夫著作《女人、火与危险事物》，为我国语言学领域学者在范畴研究领域扩展了学术视野。③ 林书武针对隐喻与相似性的国外研究进行了介绍与分析，对我国句法相似性研究起到推动作用。④

第二，对概念隐喻基本性质的理论与实践探究。有学者以隐喻的归属问题综合考察了国外隐喻研究的发展，对隐喻成因及认知功能进行了分析，评价了莱考夫隐喻研究及其创新。⑤ 也有学者梳理了国外隐喻研究，综述了我国语言学中的隐喻研究，对现代隐喻学进行了比较全面的介绍。⑥ 较有代表性的学者束定芳从隐喻的本质、隐喻产生的原因、隐喻的分类、隐喻的理解、隐喻的修辞学功能、隐喻的认知功能、隐喻的运作机制、隐喻与明喻的差异比较、隐喻和换喻的差别与联系、隐喻研究的新进展等多维度对隐喻进行了持续深入的研究。相关研究结论可概括如下：隐喻的本质是认知活动，具有矛盾性、模糊性、不可穷尽性、系统性和方向性等语义特征。⑦ 隐

---

① 叶蜚声：《雷柯夫、菲尔摩教授谈美国语言学问题》，《国外语言学》1982年第2期。
② 赵艳芳：《语言的隐喻认知结构——〈我们赖以生存的隐喻〉评介》，《外语教学与研究》1995年第7期。
③ 石毓智：《〈女人、火、危险事物——范畴揭示了思维的什么奥秘〉评介》，《国外语言学》1995年第2期。
④ 林书武：《〈隐喻与象似性〉简介》，《国外语言学》1995年第3期。
⑤ 林书武：《国外隐喻研究综述》，《外语教学与研究》1997年第1期。
⑥ 束定芳：《试论现代隐喻学的研究目标、方法和任务》，《外国语》1996年第2期。
⑦ 束定芳：《论隐喻的本质及语义特征》，《外国语》1998年第6期。

喻产生的重要原因是形象思维，①隐喻的类别从隐喻的表达形式、功能和认知特点的角度可分为显性隐喻与隐性隐喻、根隐喻与派生隐喻、以相似性为基础的隐喻与创造性相似的隐喻。②从隐喻的辨认和隐喻意义的推断两个步骤可分解隐喻的理解过程。③隐喻作为特殊语言现象的语言修辞和社会修辞功能，隐含了一种特殊的看待世界的方法和角度，即认知功能。④隐喻的认知功能可概括为人类组织概念系统的基础、人类组织经验的工具、认识事物的新视角、类推说理的手段。⑤隐喻互动机制即互动理论、映射理论、合成理论基础上的隐喻意义的产生过程。⑥隐喻与明喻在结构和认知功能上的差异在于喻词和喻底是否同时出现、如何出现。⑦换喻的主要功能是指称，隐喻更具认知价值。⑧隐喻研究的最新进展表现在，概念隐喻结构的不断深化研究，隐喻的应用研究得到充分重视，多模态和语料库研究方法的更多应用等。⑨

第三，从认知语言学视角对概念隐喻理论及其应用的探究。较有代表性的学者王寅在认知语言学基本观点的概述、认知语言学的哲学基础、中西隐喻对比及隐喻工作机制的分析、体验哲学与认知语言学的应用方面进行了探索。他基于对莱考夫的访谈论述了莱考夫和约翰逊的体验哲学思想以及认知语言学的基本观点，⑩解读了

---

① 束定芳：《论隐喻产生的认知、心理和语言原因》，《外语学刊》2000年第2期。
② 束定芳：《论隐喻的基本类型及句法和语义特征》，《外国语》2000年第1期。
③ 束定芳：《论隐喻的理解过程及其特点》，《外语教学与研究》2000年第4期。
④ 束定芳：《论隐喻的语言修辞和社会修辞功能》，《山东师大外国语学院学报》2000年第1期。
⑤ 束定芳：《隐喻的认知功能》，《外语研究》2001年第2期。
⑥ 束定芳：《论隐喻的运作机制》，《外语教学与研究》2002年第2期。
⑦ 束定芳：《论隐喻与明喻的结构及认知特点》，《外语教学与研究》2003年第2期。
⑧ 束定芳：《隐喻与换喻的差别与联系》，《外国语》2004年第3期。
⑨ 束定芳：《隐喻研究的若干新进展》，《英语研究》2017年第8期。
⑩ 王寅：《Lakoff & Johnson 笔下的认知语言学》，《外国语》2001年第4期。

体验哲学是认知语言学发展的哲学基础,① 提出了"五位一体"的隐喻认知机制设想,从基于相似性的隐喻和创造相似性的隐喻两方面论述了隐喻的工作机制。② 他就体验哲学与认知语言学对语言成因的解释力进行了阐释,③ 从学理和方法的角度对体认语言学进行了语言哲学分析。④

第四,从反思与批判的视角对概念隐喻理论存在问题的研究。国内一些学者从多维视角提出了对概念隐喻理论的不同见解,表现在映射标准不唯一、本体隐喻无体验基础、语料不真实、对语境因素的考虑不足、过分依赖经验等方面。⑤ 有学者围绕"哲学新纪元""循环论证"研究方法及理论解释力等问题对概念隐喻理论提出批评与质疑。⑥ 也有学者讨论了亲身认知研究与标准认知科学之间的关系,提出了亲身性论证的不充分性。⑦ 较有代表性的学者李福印介绍了国外隐喻研究的主要学科,尝试以实证方法对概念隐喻相关问题进行验证,对认知学进行了科学反思,以引介批判的视角总结分析概念隐喻理论存在的问题与不足。李福印介绍了国外隐喻研究的研究对象、发展过程与研究动态,阐述了隐喻已成为跨学科研究的现状与趋势。⑧ 他尝试总结了概念隐喻在方法论、映射的量化标准、隐喻鉴别、映射的经验基础、恒定原则、心理真实性、历时性研究、跨语言验证、语言和思维的关系等方面可能存在的理论

---

① 王寅:《认知语言学的哲学基础:体验哲学》,《外语教学与研究》2002年第2期。
② 王寅:《中西隐喻对比及隐喻工作机制分析》,《解放军外国语学院学报》2003年第2期。
③ 王寅:《体验哲学与认知语言学对语言成因的解释力》,《国外社会科学》2005年第6期。
④ 王寅:《体认语言学之语言哲学分析》,《外语研究》2019年第3期。
⑤ 骆洋:《多维视角下莱考夫概念隐喻理论浅析》,《现代语文》2013年第2期。
⑥ 孙旻、郭翠:《莱考夫-约翰逊概念隐喻理论:批评质疑与发展》,《东方论坛》2013年第3期。
⑦ 李莉莉:《替代还是和解:论具身认知进路与标准认知科学之关系》,《哲学动态》2018年第2期。
⑧ 李福印:《研究隐喻的主要学科》,《四川外语学院学报》2000年第4期。

与实际问题。① 在介绍 2005 年由德国 Mouton de Gruyter 出版社出版的《隐喻、转喻及体验哲学：挑战认知语义学》中，再次客观总结了概念隐喻理论中被质疑之处。② 他运用汉语语料通过实证研究验证了"体验性假说"在汉语语境中仍然成立。③ 李福印对 1980 年至 2004 年的隐喻与认知研究进行了述评，总结了研究成果、存在的问题及未来展望。④ 在相关研究过程中，对认知语言学进行了整体性反思与构拟。⑤

第五，从哲学视角对概念隐喻思想的哲学意蕴及哲学实践的研究。围绕体验哲学、隐喻的真理观及真理的亲身性等哲学问题，学者们有的从哲学视角对认知语言学进行宏观阐述，对体验哲学进行了论述和评价。⑥ 有的分析了体验哲学的学科缘起与学理智慧，及对两代认知科学的界标作用。⑦ 有的从隐喻与思维、身体、文化等角度探讨隐喻的认知特征与哲学意蕴。⑧ 有的以体验哲学理论为基础，结合实例论述了概念转喻的体验哲学基础，认为概念转喻是自动的、无意识的，并具有体验性，转喻推理使得大部分抽象思维成为可能，强调了转喻的重要性。⑨ 有学者通过对真理的互动符合、主体理解、情景合适等经验性特征的论述，阐述了概念隐喻的经验

---

① 李福印：《概念隐喻理论和存在的问题》，《中国外语》2005 年第 7 期。
② 李福印、张炜炜：《挑战 George Lakoff——〈隐喻、转喻及体验哲学：挑战认知语义学〉介绍》，《外语教学与研究》2007 年第 5 期。
③ 李福印：《思想的"形状"：关于体验性的实证研究》，《外语教学与研究》2005 年第 1 期。
④ 李福印、秦进平：《隐喻与认知研究 25 年（1980—2004）：成绩、问题与展望》，《中国外语》2007 年第 4 期。
⑤ 李福印：《如何阐释认知语言学》，《外语学刊》2009 年第 2 期。
⑥ 朱莉华：《认知语言学哲学视角阐释》，《求索》2011 年第 12 期。
⑦ 孙毅：《两代认知科学的分水岭——体验哲学寻绎》，《宁夏社会科学》2012 年第 3 期。
⑧ 隋晓玲、刘欣：《隐喻的哲学意蕴》，《文化学刊》2015 年第 10 期。
⑨ 魏在江：《概念转喻的体验哲学观》，《现代外语》2016 年第 3 期。

真理观。① 有的探讨了西方哲学真理观的范式变革过程。② 有的从概念、字面意义、图画意义、谓词的隐喻性用法等角度辩证分析了"隐喻之真"③。也有学者总结了四种隐喻真理观，认为隐喻是通过类比的方式描摹世界，隐喻真理具有语境规定性，隐喻的真是意象图式的真。有学者提出了认知科学中心智亲身性的三个核心内涵，即认知是亲身活动、身体塑造认知、用身体思考。④

随着概念隐喻思想的不断发展，其理论与实践的跨学科学术研究形成了一定的国际影响力。近年，国内对于概念隐喻的关注度也随之提升，在学术专著的翻译出版方面，浙江大学出版社于2015年出版了莱考夫《我们赖以为生的隐喻》汉译版，世界图书出版公司分别于2016年和2018年出版了莱考夫的《女人、火与危险事物：范畴显示的心灵》汉译版，以及莱考夫和约翰逊合著的《肉身哲学：亲身心智及其向西方思想的挑战》汉译版。相关的硕博论文也有增加，如2009年白丽芳《Lakoff概念隐喻理论评析》、2013年俞敏《概念隐喻的罪与罚》、2015年崔艳辉《隐喻与认知》、2017年刘立华《隐喻：从语言学到文化哲学》、2018年赵博《对体验主义哲学的批判性评述》、2018年乔玮良《莱考夫的隐喻理论》等。

综上，从国内外的研究来看，概念隐喻已然占据了认知语言学研究的一定地位。其相关研究也呈现出跨学科发展的趋势，与哲学、认知科学、心理学、教育学、计算机科学、神经学、人类学等多学科的交叉与互补，有力促进了概念隐喻思想内涵和实践应用的拓展。

莱考夫概念隐喻思想的理论发展是本书的研究动因。首先，以

---

① 黄根生：《概念隐喻理论视角下的经验真理论》，《重庆理工大学学报》（社会科学版）2017年第4期。
② 许春艳：《西方哲学真理观的范式变革：过程及其实质》，《学术交流》2018年第9期。
③ 魏在江：《概念转喻的体验哲学观》，《现代外语》2016年第3期。
④ 胡浩：《隐喻的真》，《自然辩证法研究》2009年第7期。

隐喻的本质研究为主线探寻概念隐喻的理论缘起。通过对国内外相关研究成果的归纳整理与分析，追溯隐喻研究的历史和概念隐喻发端的理论背景，挖掘莱考夫概念隐喻思想对传统隐喻理论的有益借鉴与合理批判，分析比较莱考夫概念隐喻思想中对隐喻的认知与以往研究的不同特点。其次，在对莱考夫理论进行历史定位的前提下，对其概念隐喻的基本思想进行专章介绍，包括：第一，介绍莱考夫概念隐喻的内涵、特点、工作机制和分类演进。第二，介绍莱考夫的范畴理论。莱考夫概念隐喻相关研究成果中最丰沛、系统、成熟，也最具影响力的是范畴与范畴化研究，本书试图分析莱考夫对经典范畴理论及其谬误的评析，以及对核型理论等概念隐喻范畴观形成基础的论述，建构经验主义下范畴重构的思想脉络、逻辑推演和理论实质，阐述概念隐喻范畴重构的哲学意义。第三，基于概念隐喻基本性质和范畴研究成果，介绍莱考夫的真理观。以概念隐喻为起点，从宏观层面和微观层面对真理问题进行哲学分析，透析莱考夫从语言学到认知科学、哲学的认知理念发展，对概念隐喻真理观的进步与局限进行综合评析。最后，深入探讨莱考夫亲身哲学的提出和概念隐喻的亲身哲学蕴涵。分析莱考夫亲身哲学的认知科学基础、内容并阐述其现实意义。

在总体研究路径上，以概念隐喻为理论发展主线，对人类语言中概念系统、范畴与范畴化、真理与真实以及亲身哲学的隐喻性与亲身性进行系统性剖析，以动态、连续、发展的视角归纳和总结莱考夫概念隐喻思想的本质及意义。这种研究思路是对莱考夫概念隐喻思想研究的一种新的理论尝试，试图突破以往相关研究缺乏全面性、逻辑性、客观性和一致性的研究局限。

笔者对莱考夫认知视域中的隐喻研究兴趣由来已久，但系统地梳理其研究思想，这尚属尝试性地迈出第一步，希冀这本小书能够引起读者共鸣。但限于本人才疏学浅，纰缪在所难免，望学界方家和读者斧正。

第一章　概念隐喻的理据溯源

西方哲学中最早对隐喻进行系统性探索的思想家是亚里士多德。而后，马库斯·图留斯·西塞罗、马库斯·法比尤斯·昆提良、里查兹、布莱克、里科尔、雷迪等对隐喻在语言学、修辞学、哲学的探讨，为隐喻的研究发展作出了不同程度的重要贡献，逐渐形成了传统西方隐喻研究的主要理论。从替代论、比较论、互动论、创新论到传导隐喻，人们对隐喻本质的认识不断更新。到20世纪80年代，莱考夫首次提出了概念隐喻，将人们对隐喻的认识提升到全新的高度，也使隐喻正式纳入了认知科学的新领域。莱考夫提出的概念隐喻及其理论思想的形成，不仅继承了西方传统隐喻理论的精髓，更在吸纳其有益成果的同时，对各理论核心观点的缺隐及不同流派的质疑盲点，进行了再审视。亚里士多德的替代论和比较论中相似点的置换与比较，为概念隐喻中喻源域与目标域之间的映射思想提供了初期思路。里查兹的互动论更加注重隐喻使用过程和人与自然的交互，这引起了莱考夫概念隐喻理论对人的体验的关注，为后来概念隐喻投射模型的建立、经验主义视角的形成奠定了坚实的理论基础。创新论和传导隐喻的隐喻观是莱考夫明晰人类隐喻化的概念系统，隐喻的本质特征及其与人类思维之间关系的关键所在，也使莱考夫始终关注语言与思维之间的传导、转化过程，可以说为概念隐喻理论的建立和生成开拓了全新的视域。

第一节 替代论和比较论：隐喻即修辞

替代论和比较论是隐喻研究中最早的两大重要理论，主要代表人物为亚里士多德，这是西方对隐喻认识的最初探索，并且直到20世纪初都没有遇到任何严峻的挑战。无论是替代论还是比较论，都来源于隐喻的实质。人们对隐喻实质的探索起源于情感层面的理解，认为隐喻主要起修饰和情感作用而产生语言变异的效应。替代论和比较论的发展为概念隐喻的形成提供了重要的思想起源，替代论和比较论中相似点的置换与比较，为概念隐喻中喻源域与目标域之间的映射思想提供了初期思路，同时替代论和比较论脱离人类理性思考的不足也为莱考夫关注人的经验因素提供了崭新空间。这使得莱考夫更加关注人们日常生活的一般现象，对隐喻的研究扩展至非语言层面，开启了与人的体验、思维、认知相关的哲学思考。

一 替代论

亚里士多德在《诗学》（*Poetics*）中强调，隐喻是用一个陌生的名词替换，或者以属代种，或者以种代种，或者通过类推及比较。① 替代可以简单理解为互换，但在隐喻中，替代是指将一个事物直接替代为另一个不相干的事物或者用不同的词语来表达这种替代关系。例如，a. 你是世界上最好的接生婆。b. 你是世界上最好的助产士。② 这里接生婆和助产士本意相同，但区别在于前者比较通俗，后者比较正规，这也正是替代论中比较突出的特点。亚里士

---

① ［古希腊］亚里士多德：《诗学》，陈中梅译，商务印书馆1998年版，第149页。
② 胡壮麟：《认知隐喻学》，北京大学出版社2004年版，第18页。

多德提出了四类隐喻。第一种隐喻是以属代种，或以上带下，即用上义词代替下义词。例，There lies a car.（本应是有一辆车躺在这儿。）lie 就是属，lie in the park（在停车场）就是种，这表明了前者包含后者，涉及面更广泛一些。第二种隐喻是以种代属，或以下代上，用下义词代替上义词。例，Truly ten thousand noble deeds hath Odysseus done.（Odysseus 做出了 10000 个伟大业绩。）由于 ten thousand 在词义上相当于大量、许多、数以百计，可看作 a large number（大量）的种，所以前者是种，后者是属，这一句子符合了替代论的特点。第三种隐喻是以种代种，以一词替代同一个级别的另一词，相互转换替代。例，take away 和 carry off 都表示拿走、带走，属同一层次的词，可以进行替换，称为以种代种。第四种隐喻是类推，通过比例关系或类推，只是程度更复杂。

亚里士多德在隐喻替代论中的描述有两个突出的特点：一是以词语为中心。在提出隐喻的四种类型时，他举的例子都是词语、词组、名词、动词等。词语在意义上变化不大，在义域内或是以大喻小，或是以小喻大。比如，隐喻的句法构成特点是名词，以一事物名称命名另一事物。① 这充分体现出亚里士多德时代对隐喻的着眼点在于词语的修饰，隐喻研究在当时仅局限于修辞方法的框架中，只是诗学风格和词语形式的雕饰和美工。二是在区分隐喻种类时引入了属与种的概念，词语都以属种之分，形成了词语的类型层级。这样，在隐喻生成时，词语的类型层级需要与词语意义的分析及归类相对应。这说明亚里士多德注重词语形式与意义的高度统一。这种词语类型层级概念在现代计算机处理隐喻时仍一直被采用。

替代论的局限性也被后来学者所批判。首先，亚里士多德的意

---

① 蓝纯：《从认知角度看汉语和英语的空间隐喻》，外语教学与研究出版社 2003 年版，第 5 页。

义理论将词义视为实体，认为隐喻是理想的语言使用方法，歧义与其相对立，即为不理想的使用方法，从而忽视了词语在隐喻使用时的本义与隐喻用途之间实际上存在的歧义现象。亚里士多德夸大了词语类型层级在隐喻的生产和理解过程中的部分作用，期待每个隐喻都可通过词语类型层级的划分，经由单一的发生过程得到解决。这会使得本可以使用词语简单本义的表达，经过隐喻理解后变得复杂化，增加了问题的理解难度。莱考夫认为，这种古典的对知识表现的观点，已不能为当代的范畴理论所接受。① 早期人们对范畴的划分主要从事物表征进行概括，缺乏科学化、精确化、细致化的方法。莱考夫理论则强调隐喻并不依赖于词语的类型层级，而是人们在思想层面建立的联系。其次，替代论将隐喻看作个体操作，仅是语言文体特征，并未在概念形成中起到积极的概念施动作用，也就未能认识到语言特征的认知层面。亚里士多德对隐喻的认识仍停留在知识使用的规则中，尚未关注到隐喻知识本身，因此知识表达和知识用途被混淆了。

二 比较论

与替代论一样，比较论也出于亚里士多德对隐喻的理解，对于词义相似点的关注以及词语本义的比较也为隐喻的形成提供了一种解释依据。比较论的观点认为，隐喻的生成在于发现相似点，并从一定视角做了比较。相较于替代论，比较论揭示了隐喻的实现基础。② 比较论不依赖于词语同义域的上下位关系，不限于种属的类别层次，使用空间更开阔。

---

① [美]乔治·莱考夫：《女人、火与危险事物：范畴显示的心智》，李葆嘉等译，世界图书出版公司2016年版，第58—59页。
② 蓝纯：《从认知角度看汉语和英语的空间隐喻》，外语教学与研究出版社2003年版，第22页。

比较论认为，隐喻关系的建立源于具有某种相似之处的两个成分，二者之间的比较形成了语义联系，得以建立隐喻关系。从语言层面修辞手法上来看，比较或许可以看成对比，就是把 A 比作 B，比较论则可以理解为二者之间对比所产生出的论述。隐喻是将一个不为人知的事物 A 以修辞的角度来比喻成大众化的，人们所熟知的自然界的另一事物 B，通过比较、逻辑推导出 A 的特点和形态。将一个事物比作另一个事物，通过比较之后，产生了一个新的喻义，可以简单地将两个事物理解为共同拥有一个特征。比较论认为，隐喻是一种比较，关注于两个不同事物的相似性，将一个事物的某些特性传送或归属于另一个事物，换句话说，虽然二者是不同类别的事物，其形式不同，用处却一样，那它们的本质就是一样的。① 因此，一个共性就是有隐喻就有比较，因为二者是相互联系的。亚里士多德是把类推和明喻作为隐喻的变异形式而提出比较观点的。

亚里士多德认为在他提出的四类隐喻中，最重要的就是比例性隐喻（proportional metaphor），也就是通过比例关系所做的类推。例如，在战争中牺牲的年轻人从国家中消失，犹如从一年四季中取走了春天。这一隐喻采用了类推中有效的"复式比较"，"年轻人的牺牲"之于他们的"国家"犹如"取走春天"之于"一年四季"。因此，一定比例的类推与比较产生了各种生动的比喻。类推还可采取拼合的简略式表达。例如，落霞与孤鹜齐飞。落霞本无生命、不会飞，而孤鹜是有生命的、可以飞。将无生命与有生命做对比，不会飞与会飞做对比，赋予无生命之物以有生命之机，形象地描述了生动的美景画面和作者的特殊心境。特劳各特和普拉特曾认为，类推给隐喻提供了最灵活多变的且广泛使用的突出某

---

① Robert Harris, "A Selection of Rhetorical Devices and Literary Terms", https://www.uky.edu/ArtsSciences/Classics/Harris/rhetform.html, 2001.

事物的手段。① 由此可见，类推极大地拓展了隐喻资源。

除类推外，明喻也对隐喻比较论的发展起到一定作用。明喻中用之比较的两个成分之间的关系是清晰且容易理解的，常以"like""as""好像""仿佛""如""若"等词语明示其比较之意。而隐喻的表达式则省去了这些喻词，使得"A is like B"的形式变成了"A is B"的直接描述，隐喻是明喻的简单形式，但相较于明喻吸引力更大。但 A 与 B 的相似性如果未能引起容易理解的解释，或缺乏合适的情境背景，则不能使得隐喻成立。

比较论有如下几个特点：一是相似点的比较。在隐喻的过程中，A 与 B 的比较是因为二者有着密不可分的联系，其特点和属性在一定层次上是相似的。亚里士多德本人提供了这样的解释，在使用隐喻给尚无名称的事物以名称时，不是从漫无边际的事物中，而是从同源的或相似的事物中去寻找，这样我们就能清楚地观察到二者的关系。隐喻用得好在于能捕捉到合理的相似点，因此对于相似点的比较，比较论比替代论在认知方式上更为积极。二是本义的比较。亚里士多德的理论立足于以常识观为基础的本义的比较。也就是说大多数的隐喻都有原始的本义，只是将"like""as"等词进行替代，然后传递出另一个句子的含义。例如，Man is a wolf.（人像狼。）这是人们依照一定背景下的常识和生活经验，认为人在表现出凶狠贪婪特征的时候与狼的本性相对应。有时，隐喻在本义上逻辑的真值是虚假的，需要本义比较并重新作出解释。例如，My love is like a red, red rose. 爱本身并不等于玫瑰，而赋予爱的热情和玫瑰的火红以相同特征之比较，则产生了隐喻的效果。三是对称的比较。比较论突出了概念之间的结构共性，使得隐喻和明喻得到最佳调和。隐喻是结构简化而意义隐含的明喻，但并未违反范畴规则，

---

① 胡壮麟：《认知隐喻学》，北京大学出版社 2004 年版，第 26 页。

两个概念之间的相似点是对称的。

比较论是隐喻研究的重要基础，其形成与发展对于人们对隐喻本质的探寻起到至关重要的作用，但同时也存在着一些问题。首先，对相似点的质疑。比较论中隐喻对主语和修饰词所作的本义比较常是预先存在的相似点，对相似关系的界定相对模糊，未能解释只有部分特征而不是全部具备映射条件的特征从修饰词映射到主语上。因此，有些学者认为相似性是一个空洞的词语。特性的相关会因语境的变化而变化，也与比较者的目的直接相关，这样会使得相似性极其不稳定，无法作为范畴化和隐喻过程的基础条件。其次，对本义比较的质疑。莱考夫和约翰逊认为，亚里士多德的隐喻理论仅就语言而论，缺少隐喻思维和动作，其相似点都是"已存在的相似点"或"孤立的相似点"，而不能创造新的相似点。另外，就词语本义而言具有多重性，吉布斯（Gibbs）、达斯加尔（Dascal）、莱考夫、印斗基亚（Indurkhya）、卡西阿里（Cacciari）等对于本义多重性的类型概况可归纳为常规的本义、主题内容的本义、非隐喻的本义、真值条件的本义和语境自由的本义等。再次，对比较论的质疑还包括隐喻的非对称性和相似性的非绝对性。比较论坚持隐喻的对称性，但仅是理想的模型化的观点，许多隐喻并非对称，而是常被用来为一个先前未出现的概念提供特征。相似性也不是非要两件可供比较的事物建立隐喻关系，因此相似性也具有非绝对性。最后，比较论从理论上并未解释隐喻如何给主体提供了新的信息。莱考夫和吉布斯对比较论的批评主要在于比较论未能抓住隐喻对人类思维起到的核心作用。[1]

---

[1] Raymond Gibbs, *The Poetics of Mind: Figurative Thought, Language and Understanding*, Cambridge: Cambridge University Press, 1994.

第二节　互动论：隐喻即关联

互动论的观点为概念隐喻投射模型的建立、经验主义视角的形成奠定了坚实的理论基础。互动论强调隐喻即关联，更加注重隐喻的使用过程，将隐喻推向了人与自然交互作用的新领域，这使得莱考夫认识到人与自然的互动产生了人对自然的不同体验，决定了人类思维的不同，进而深刻影响了语言表达和行动方式。

从替代论和比较论的主要观点中可以认识到，长期以来人们只是把隐喻看作一种雅兴或修饰，而不是语言的构成形式。虽然亚里士多德对隐喻的本质有着独特的见解，曾说"至今最伟大的事是对隐喻的掌握"，但仍然没有进入隐喻与意义的系统研究。① 1936 年，英国里查兹《修辞哲学》一书出版，提出了隐喻的实质是互动（interaction）的理论观点。里查兹认为在使用隐喻时，将两个不同的"表象"带入一个互动的关联之中，这种关联由一个词或一个短语体现，其意义则是两个表象互动的结果。② 后由布莱克与其进行深入探究，形成了隐喻互动论，成为当代隐喻研究的主要方向。布莱克曾说过："一个词通常不是一个单独存在的表达之代替物，而是普遍观点的组合。"在此基础上，布莱克进一步说明，正是在科学陈述的精确性不成问题的场合，我们才需要使用隐喻。隐喻性陈述并不是对形式上的明喻或其他本意陈述的替代，它有着自己的独特的作用和成果。互动理论的提出，从根本上撼动了亚里士多德的

---

① 胡壮麟：《认知隐喻学》，北京大学出版社 2004 年版，第 35 页。
② Ivor Armstrong Richards, *The Philosophy of Rhetoric*, New York: Oxford University Press, 1936, p.34.

理论。该理论认为隐喻中的替代论不是词与词、短语与短语之间的置换，而是思想间的借代、观念间的交流，是语境间的交替。里查兹的互动论观点主要包括：语言的实质是隐喻的，隐喻由本体与喻源组成，以及本体与喻体具有共同点。

语言是隐喻的。里查兹认为，隐喻从语言修辞上来说，是将事物原先模糊的关系持续保留，直到通过实践产生表述这种关系的词语成为某范畴的符号，从而获得新的理解。换言之，如果后人不能理解和运用这种关系，那么语言就一无用处了。里查兹提出隐喻在语言中无所不在的原则，认为任意读一篇文章的三句话都能发现隐喻的使用，[1] 这也体现了隐喻的一个特点，即涉及学科广泛。无论是政治学、经济学、心理学、语言学等，都存在隐喻的使用。使用语言关键在于如何更好地使用隐喻。在传统理论中隐喻常被限制，仅限于语义改变和词语置换，一些哲学家们把隐喻规定得很死，认为隐喻就是一种修辞手法。在现实中，隐喻却是一种语境之间的替代，而且不难发现生活中到处充满了隐喻。里查兹认为，观念首先是隐喻的，而后才衍生出语言中的隐喻，他把隐喻从传统的修辞学中解放出来。里查兹最早提出了隐喻观念先于语言隐喻的观点。

本体与喻源的提出。里查兹首先提出以本体（Tenor）和喻源（Vehicle）来定义构成隐喻的两个主要部分，而隐喻本身是这两个部分的整体。其中，主要指称的事物为本体，另一用以修饰主体的相似物称为喻源。例如，The sun is a redballoon.（太阳是红气球。）The sun 是主体，a red balloon 是喻源。在他看来，喻源是本义的，发生非常规变化的是本体，这与古典隐喻理论强调主语是本义的观点相反。里查兹认为，正是隐喻中本体与喻源产生的互相影响、互相启示，才使得人们把握其意义。本体与喻源之间的"互动作用"

---

[1] 束定芳：《隐喻学研究》，上海外语教育出版社2000年版，第1页。

使隐喻发挥了扩展语言，甚至扩展现实的功能。二者观念之间的互动方式千变万化，这种关联在交际实践中相互作用，表达了同一意义。

共同点理论。里查兹认为，在隐喻中本体与喻源能够互动是因为两个成分的概念中存在"共同点"（ground）。透过本体和喻源的字面组成可以分析出二者蕴含共同点的概念成分。例如，将桌子"腿"比喻成一匹马的"腿"，区别在于前者桌子只是具有后者马的一部分特点。桌子腿只能起支撑作用而不能动，但马的腿可以跑，本体和喻源具有一定共同点。隐喻的共同点可以大致分为两种情况，一种是两个事物——本体和喻体——具有某种直接相似；另一种是两个事物基于偶然的、外部的理据具有某种同样的态度，里查兹认为一个词的用法，其有一定的情境，一个概念所代表的可能既是词的本义，也可能是引申义，既可能是本体，也可能是喻源，二者可通过内涵意义而相互融合。

互动论并非排斥比较，而是从关联的视角对比较有了更加深刻的认识。互动论认为，比较是两事物通过相比共同发挥作用，通过相似点发现一事物对另一事物引发的某方面的关注和关联。法国超现实主义者布莱顿（Andre Breton）认为，在比较两个事物时，其特征应彼此相隔得尽可能远些，或者以其他方法使它们以突然、醒目的方式被置于一处。里查兹倾向于这种观点，提出了张力理论，指把相距甚远的两个事物放在一起，产生巨大张力，二者的相似之处成为关联的动力源泉和对目标的渴求，同时二者的差异抵制和控制了相似点产生的影响。当我们以这种突然而醒目的方式将两事物连接在一起时，在大脑中产生了事物之间的关联，形成了更加复杂的认识联系，由此我们认为里查兹的互动论在隐喻的认识方面迈出了重要而坚实的一步，将隐喻与认知的关系联系在一起。

隐喻是以自然语言为表达方式的隐喻，而认知是通过自然语言对世界的认识，隐喻对认知事物具有十分积极的影响。当我们把两种不同类别的事物 A 和 B 放在一起进行联系时，隐喻就发挥了作用，认知也发生了变化。在这一过程中，是将原本没有关系的事物，在合理情境下变得有关联，就好似一把弓箭一旦射出，就无法收回，张力发挥到极致，使得语言扩展了理解范围，丰富了表达意义。在对隐喻研究的过程中，可以发现里查兹对隐喻的认识上发生了质的飞跃，由早期认为隐喻是一种修辞，着重情感效应，到后期的本体与喻源的区分开启了隐喻研究的客观主义思想。里查兹认为，隐喻无处不在并与思想有关，人类对世界的感受是隐喻的，要区别隐喻的本体和喻源。

互动论可以理解为从根本上质疑了替代论和比较论的观点，批判并完善了隐喻理论，是隐喻研究的一个进步，主张隐喻不只是简单的修辞，不仅仅是对语言形式的一种修饰与包装。理查兹认为互动论是在使用隐喻的过程中，将两个不相关的事物，进行关联，从而产生更好的表达效果。前者与后者的关系不只是修辞，而是一种互动。在大多数学者看来，隐喻都存在着一系列的问题，就是语义失常，但是互动论却避免了这一问题，因为互动论在其根本上并不讨论语义失常的问题，在其他学者看来互动论不是语言形式的转变，而是表象形式的变化。20 世纪 70 年代后，互动论研究的两个重量级学者乔治·莱考夫和马克·约翰逊的出现，使隐喻研究在生成语义学和哲学方面产生了前所未有的影响，在本书的后几章内容中将深入探究。

后来学者对互动论的质疑表现在以下三方面：一是隐喻概念性的首次提出。里查兹曾在《修辞哲学》一书中示意他首先发现隐喻的概念性，强调了隐喻是一种修辞性的概念。而伯克（Kenneth Burke）等人提出异议，认为隐喻概念性的认识早有起源，如在这之前，亚里士多德就已经提出了类似的观点，他谈到了隐喻与概念性之间的关系，隐喻在一定程度上促进了社会的发展，并且发挥了巨大的作用。① 而在当时这一时期，随着互动论逐渐形成，词汇学的发展与隐喻概念之间的关联紧密度日益增强。然而，许多前人的研究尚停留在不自觉，较为浅显的层面，缺乏足够的理论深度。二是对隐喻参照混乱的识别。尽管里查兹提出了采用本体与喻源两个术语来区分隐喻的两个成分，但仍未解决术语使用的混乱。例如，有时本体和喻源出现了本末倒置的情况，隐喻中出现的本体是现实生活中的主体，主体不一定是人们所认识的，喻源也可以简单看成喻体，喻体也不一定是不认识的，这样在本体和喻体的位置上容易混淆，导致人们不能很好地理解，出现理解混乱现象。三是不稳定性和不清晰性。里查兹互动论解释隐喻中两事物的互动作用或张力产物，使得隐喻成为两者不稳定的混合物。巴尔特（Barthes）批评了这种不稳定性，认为所谈及的事物不清晰便容易回避责任。② 另外，互动论容易产生共同点的不清晰性。本体和喻源的共同点是一个，但是所描述的事物却不尽相同，二者的融合所带来的效应要大于本体的特点和喻源的特点，产生了共同点的不清晰性。

第三节　创新论：隐喻即思维

创新论认为隐喻即思维，其核心思想使人类隐喻化的概念系统更加清晰，也更加明晰了隐喻的本质特征及其与人类思维之间的关系，这为莱考夫概念隐喻理论的建立打开了全新的视野。相似点的创建及新意义的产生，使得莱考夫不断探寻隐藏在语言背后复杂的

---

① 参见胡壮麟《认知隐喻学》，北京大学出版社 2004 年版，第 45 页。
② 参见胡壮麟《认知隐喻学》，北京大学出版社 2004 年版，第 46—47。

人的思维的形成起点和过程，以神经科学的视角对隐喻形成进行了探索尝试。进而在概念隐喻的研究中提出了亲身心智，探究身体和大脑如何塑造理性、空间与肌动概念的神经建模等。并且通过提出亲身实在主义，人们得以明确区分认知科学的两代构想，从而为其发展划定了新的界限。

继里查兹的互动论之后，布莱克、里克尔、郝斯曼等多位学者在隐喻相关理论上继续探索，一方面，他们对先前学者提出的观点进行了批判；另一方面，在批判基础上提出了新的观点，隐喻理论中的创新论逐渐形成。布莱克可以称为创新论的奠基人。创新论强调相似点的创新，主张隐喻中两个概念或成分的相似点不一定都是预先存在的，应通过互动创建。布莱克首先对传统隐喻论中的比较论和替代论进行了评议，认为替代就是代替，从语言的顺序上来看，就是将 A 与 B 位置进行互换，理解时需将二者倒置才能获得本义表达。[①] 如此，隐喻的意义何在？或是在先前的语言中未找到相似的词语，或是单纯为了修饰。前者出现的情况较少，通过本义的基础语言即可直接表达各种语义，而后者为了修饰或修辞则是常见的。那么，怎样的修辞才是成功的隐喻？例如，Richard is a tiger.（理查德是一只老虎。）通过两成分置换，老虎是 Richard？（理查德）理论上好像解释不通，如果单纯地把 A 是 B 简单理解成 B 是 A，那么无论是生活上，还是语言中，就不需要隐喻了，隐喻也就会从此丧失了情感及认知效应。换种思考方式来看，认为 tiger（老虎）的特点是凶猛，我们就能明白其中的奥妙，句子是将 Richard 的特性比作老虎的一种凶猛的特点，形容人的勇敢，而不是将人比作动物。布莱克认为比较论太空洞，事物之间用以比较的相似点很

[①] Max Black, *Models and Metaphors: Studies in Language and Philosophy*, Ithaca, NY: Cornell University Press, 1962.

多，哪些范畴、哪些程度是隐喻所关注的无法清晰把握，因而相似性程度不能作为对隐喻有用程度的指南。另外，根据比较论观点，相似点是预先存在的，理解隐喻的前提是要懂得两个概念在意义上的相似之处，那么便无法解释隐喻如何提供新的信息。由此，布莱克从隐喻陈述构建的基础出发，对相似点的创建、隐喻陈述与本义的区别、隐喻陈述的作用过程、隐喻思维及互动过程做了深入探讨。

关于隐喻成分。布莱克探讨隐喻的基础来证实隐喻陈述的构建过程，他将隐喻的不同成分以不同术语分别定义，第一主语对应主要主语，叫做聚焦（focus），用于接受隐喻意义；第二主语对应辅助主语，叫做义框（frame），在句中保持本义。两者成分如能相对，并且构成的句意又不相称，即为隐喻，反之则不是隐喻。这里，布莱克突出强调了成分之间互动创建了新的信息，而不是预先了解的成分特点。

关于相似点的创建。鉴于里查兹在互动论研究中并未对相似点展开深入研究，因此布莱克在其研究成果基础上对相似点的创新进行了着重反思。仍以"Richard is a tiger."为例，在这个句子中，隐喻在人们的大脑思维中将A与B两个成分系统同时激活，使得二者进行积极有效的互动，各自的联想系统使得二者的意义发生变化，形成相似点。tiger作为义框，是一套相关的常见意义系统，用在Richard上，使得Richard按这个系统进行语义重组。同时，tiger的意义与本义有了变异。如不了解其意义系统，便难以传送部分意义。布莱克在里查兹理论的基础上提出了隐喻的"过滤作用"（filter），对义框的常见意义系统中的语义进行过滤，留下应强调的语义，排除不相关的语义，这种过滤作用在隐喻的两个成分方面都同时进行。Richard有关的常见特性通过tiger隐喻"过滤"后使得态度发生变化。比如，我们将医生在手术台上做手术比作战争，这里面所强调的不是战争经历时的头破血流,而是在手术进行中使得病人被挽救的医生的治疗策略。

超越本义的隐喻陈述。一个概念可包含多种意义,多种特性,两成分相似点的合理创建可组成一个成功的隐喻。布莱克认为,隐喻是在话语的"语篇"中呈现的,表现出特殊的情境性,虽然采用的是标准的句法和语义资源,但产生的意义却是新的,是富有创新性的,不能从标准词库中找到。隐喻陈述的作用过程,首先是要理解词语的蕴含意义,不能对可接受的解释划定明确的界限,接受歧义性是隐喻提示的必然副产物。两个复合蕴含意义相应的主要词语之间的关系可分为认同、延伸、相似、类推,以及隐喻耦合(metaphorical coupling)。隐喻不仅仅是一个相似点的问题,不同关系的对照均可构成隐喻陈述。不同领域的两个主语之间可进行结构类推,使得隐喻成为蕴含意义的工具。但一直以来被人忽视的隐喻思想到底是什么,这决定了隐喻者的思想状态。布莱克通过实验得出结论,认为概念的界限是弹性的,于是他首次提出了"隐喻思维"(metaphorical thought)的观点,即隐喻的理解离不开具体的情境。[1] 正如莱考夫观点,隐喻就好比语言学中的熟词生意,即在不同的时间、空间、处境,其词语表达的含义也可能是大相径庭的。

创新论的另一代表人物郝斯曼(Hausman)在相似点的创新方面提供了三个观点。一是他认为隐喻创造了新的独特所指,不同于喻源和目标的所指,即通过隐喻获得的新所指不同于两者,属于新的属性,因此本身具有自主性。[2] 二是所创建的独特所指的属性不

---

[1] Max Black, *Models and Metaphors: Studies in Language and Philosophy*, Ithaca, NY: Cornell University Press, 1962.

[2] Carl R. Hausman, *Metaphor and Art: Interactionism and Reference in the Verbal and Nonverbal Arts*, Cambridge: CUP, 1989.

都是语言中已有的。新所指带来了新信息,正是隐喻所指的外部语言属性制约了相似点的创新。三是隐喻的发生是个体性的,所创建的所指应是个别的。① 郝斯曼提出个体性条件是为了不让相似点的创建成为单纯的主观过程,因为被创建的所指的外部语言部分由客观性决定。

第四节 传导隐喻:隐喻即传送

对传导隐喻的有益借鉴与批判在很大程度上影响了概念隐喻理论的生成。传导隐喻开启了概念隐喻的研究系统,使莱考夫对这一系统有了粗略的理性思考,引起了后续隐喻研究的深层次思考,初步建立了语言学与认知科学的联系。传导隐喻(Conduit metaphor)是雷迪 1919 年在《传导隐喻:语言中关于语言的框架冲突的个例》一文中提出的。传导隐喻的基本观点是将人的思想看作物体,词语看作容器,思想或意义表达的过程或隐喻过程是一个通过容器将物体传送的过程,听者在传送过程结束后取得物件,获得理解。这一理论描述了一个信息传递的媒介过程。雷迪继承了里查兹、布莱克等人的隐喻观,为后来莱考夫概念隐喻的提出奠定了坚实的基础。这使得莱考夫始终关注语言与思维之间的传导、转化过程,这些先前探究为莱考夫概念隐喻理论的诞生、亲身哲学的形成提供了丰富的思想资源。

传导隐喻有其历史文化渊源。雷迪的传导隐喻受威纳(Norbert Wiener)等工具主义观点的影响和启发。威纳在 1954 年的著作

---

① Carl R. Hausman, "Language and Metaphysics: The Ontology of Metaphor", *Philosophy and Rhetoric*, Vol. 24, 1991, pp. 25 – 42.

《人类的人际用途》(*The Human Use of Human Beings*) 中阐述了交际和信息理论的特点，强调传递（transmission）和传导模型（conduit model），奠定了信息科学的基础。[①] 克劳德香农（Claude Shannon）和维佛（Warren Weaver）等主张技术信息理论，普及信息定量化的理解和应用，都是工具主义观点的支持者。[②] 雷迪受其观点启发，关注传导隐喻在技术意义和社会意义的交际中的应用。

在传导隐喻中，雷迪认为交际内容被语义结构决定，思维过程也会倾向于优先选定的语义框架，但在实际使用时，语义并不总是受框架限定，经常导致框架冲突。人们获得想法并不能按照语义框架中的表面值来直接获得，而是通过语言帮助人们从自我储存的物质材料中去构建所传递的信息复制品，而这个复制品的信息精确度如何，会由很多因素决定。这一过程说明语言能够传送人们的思想和感受。雷迪针对能言会道者和不会说话者进行了比较，发现丰富的隐喻表达可以使得人们更加精确地传达思想，语言这个外部信号可以承载人们内在的思想和感受，人类交际实现了把思想和感受像物体一样传送。由此，雷迪描述了复合隐喻构筑的方式，即思想或意义是物体，语言表述是容器，交际是传送。

首先，思想或意义是物体，这本身就是一个隐喻，说明思想或意义可以脱离经验或语言而独立存在。其次，语言表述是容器。思想通过语言传递给他人，语言由具体的词语、词组、词句组成，形成了一个逻辑容器、承载中介或运输装置，如此便有了放置意义的"内部"空间和相对的"外部"空间，甚至每个人都可看作一个容器。由此，传导隐喻在讨论中有时也被称为"容器隐喻"（contain-

---

[①] Nobert Wiener, *The Human Use of Human Beings: Cybernetics and Society*, New York: Da Capo Press, 1954.

[②] Warren Weaver, *The Mathematical Theory of Communication*, Urbana, Illinois: University of Illinois Press, 1949.

er metaphor）。最后，交际是传送。说者将思想或意义通过容器传送，听者需从容器中寻找并提取意义，放入自己脑中，变成自己的思想。这需要接受者客观分析，在容器中获取重要的信息，提炼观点和引申义，体会说话人的感情和思想。总体来说，接受和打开容器是一个简单的被动过程。

雷迪的传导隐喻思想对后续隐喻研究发展起到了非常重要的作用。传导隐喻不只是思想交流方式和过程的一种解释描述，它为我们提供了有关人类交际以及语言和隐喻本质的哲理，弥补了传统隐喻理论的不足。传统理论认为，所有常规语言都是本义的，无隐喻或无需隐喻，只有本义的语言才能区分真实与否，隐喻只存在于诗歌之中，或特殊的修饰语言中。而雷迪最早提出隐喻基本上是概念的、常规的，认为传统理论中隐喻只是语言的观点是一种本末倒置的误解，隐喻源自思想而非语言。隐喻存在于人们生活与交际的时时处处，人们的日常行为都反映了对经验的隐喻性认识。

传导隐喻的另一重要作用见之于计算机科学，体现在对程序编写的特殊贡献和对当下人工智能的实现基础。因为传导隐喻存在一个共同的概念理解，这为计算机科学中制定标准的符号意义，为词语的语义对应与传输提供了知识系统和传送模式。在人工智能项目中，需要客观、规范、逻辑地操作和解释信息，传导隐喻的核心思想便支持了输入输出的标准化程序，避免了用户主观、直觉地误解信息。未来人工智能如何能更准确地形成行动经验，更好地识别感觉或情感特征，更加需要复杂的标准输入程序。同时，传导隐喻也使得人们对计算机处理信息和人脑处理信息的认识更加深刻。在过去，人们认为这两种信息观是一样的。其实不然，这是两种不同的信息观。计算机世界以夏农等人为代表，主张可以测算通过一定渠道传送的信息量。葛登佛斯（Gardenfors）指出，两种信息不能混淆，因为人类信息不是以"比特"（bit）计算的，人类交际需要另一种理论。① 人类的感觉和语言为人类提供了大量无法解释的信息，使得人类可以同时处理复杂的多个信息代码，并自然有效地进行深度处理。相较于人类交际，雷迪的传导隐喻理论更适宜技术性信息交际。

还有其他研究者对传导隐喻的不足也进行了分析评价，体现在传送内容、传导模式、意义提取和创新性教育等方面。朗艾克（Langacker）认为，交际中传送的只是音波，需具备相同的语符系统和相应的知识结构才可实现概念实质的接收。② 他认为传导隐喻是按整体方式进行词义传输的，会陷入概念上的困境，传导的重点应是音系学结果和语义结构间的语符对应，而不是"容器"所能承载的意义。基拉尔茨（Geeraerts）认为，"意义是物体"把意义局限为一个具体概念了，而词汇语义的巨大灵活性使得意义应该成为一个创造意思的过程。③ 克姆拉（Kemler）指出传导隐喻忽视了副语言因素，一定程度束缚了思想，对理解语言交际未起到积极作用，在逻辑上形成了内容与形式、思维与身体的分裂。在传导隐喻逻辑的基础上，结合音乐经验的言语他提出了"传神"（transduction）模式，表达人们利用积极想象的音乐交际过程。④ 沃契（Wertsch）批评了传导隐喻中传导模式的单向性，认为其内在的底层假设是独语，交际的过程按轮次说话用以改变传导模式的单向过

---

① Peter Gardenfors, "Human Communications: What Happens?" *Lund University Cognitive Studies*, Vol. 43, 1995, pp. 1–10.

② Ronald W. Langacker, *Foundations of Cognitive Grammar*, Stanford: Stanford University Press, Vol. I, 1987.

③ Dirk Geeraerts, *Vagueness's Puzzles*, *Polysemy's Vagaries*, *Cognitive Linguistics*, Berlin, New York: Mouton de Gruyter, 1993.

④ Deanna Kemler, "Questioning the Constraints of the Conduit Metaphor" in Lawrence M. Zbikowski ed., *Conference: Music, Culture, Mind Abstracts*, Chicago: University of Chicago Press, 1999.

程，但需要接受者认真去听，否则将影响真正对话。① 波沃斯（Bowers）从读者反映论的立场批评了雷迪的观点，认为传导隐喻的逻辑使得学习变成了被动模式，只是学习者取走信息的被动过程。他主张意义是构建的，而不是提取的。② 克拉玛斯基（Kramarsky）认为机械的传送阻碍创新性教育，教育和技术是结合的。教师并非简单的传送者，将讲授内容传送到学生的头脑之中，学生也不是简单地接收便形成思想。任何先进技术都替代不了一个优秀教师的智慧、热情和经验，同时也无法准确估量不同学习者的理解、转化、建构与创造信息的过程。③ 因此，在当下人工智能迅速发展的时代，我们更应以此为借鉴，避免忽视人本主义思想，因工具主义观点而导致教育标准的失衡和评价的绝对客观依赖，偏离真正的教育目的。

莱考夫对传导隐喻的批判主要集中于"意义是否客观存在"。传导隐喻理论的核心思想在于从发送者到接收者的信息传送过程中，信息内容和信息量没有改变，这意味着意义是客观存在的，即意义在传递过程中不随主观因素而改变。莱考夫认为，计算机和人都能推理，但计算机没有感觉，人却是具有复杂感觉的，人类交际中的信息传送包括深层情感问题，是科学理性和艺术表达的融合，不是计算机能够实现的，因此，意义并不客观存在。莱考夫认为计算机作为交际工具的过度使用会产生无效的人类交流。主要表现在：一是计算机和人类使用的语言并不具有同一性，便会产生语言障碍，影响成功交际；二是理解是建立在同一文化背景和生活经验基础上的，不同的文化及次文化背景都影响语言交际；三是个性化

---

① James V. Wertsch, *Voices of Mind*, Cambridge: Harvard University Press, 1991.
② Chet Bowers, *The Cultural Dimensions of Educational Computing: Understanding the Non-Neutrality of Technology*, New York: Teachers College Press, 1988.
③ 参见胡壮麟《认知隐喻学》：北京大学出版社 2004 年版，第 69—70 页。

的思维观点会造成不同概念的产生；四是传导隐喻并没有实现正确概念的获得。总之，在莱考夫看来计算机只是一个机械的存储容器，没有感觉和情感，只能通过程序编制进行重复运算，虽然计算速度和计算量可以远超人类大脑，但对于认知信息的处理却依然困难。且目前，计算机尚不能形成人类带有感觉和情感的经验。

第五节 莱考夫的概念隐喻：隐喻即认知

人们对隐喻的实质有不同的认识，从情感和认知不同层面理解，有的认为隐喻主要起修饰和情感作用而产生语言变异的效应，有的认为隐喻以认知为中心组织人们的概念系统，两个对立阵营形成了一场持久的理论竞赛。在西方传统隐喻理论研究的基础上，1980年莱考夫和约翰逊的经典之著《我们赖以生存的隐喻》出版，首次将隐喻全面提升至认知层面，隐喻研究从此被提到了新的高度，不单单局限于修辞的作用，更进入了认知科学领域，成为解放人类思想的重要组成。莱考夫和约翰逊认为，隐喻的本质是以另一件事和经验来理解和经历一件事或经验。在这一过程中，莱考夫一直在强调隐喻的认知作用。

莱考夫认为隐喻植根于人类的概念结构，十分强调认知作用。青年时期的莱考夫对于语言学研究就有着独特的主张，他不赞同以乔姆斯基为代表的转换生成学派，支持生成语义学派，成为该学派的主要成员之一。[①] 他反对将语言能力与语言行为相分离，以及句法深层结构第一性的主要观点，提出深层语义结构才能作为语言理

---

① John Brockman, "A Talk With George Lakoff", http://www.edge.org/3rd_cultwe/Lakoff/Lakoff_p5.html, 1999.

解核心，主张从整体看待深层语义结构和句法结构，语义不能服从句法。莱考夫认为隐喻不只是丰富表达方式的语言修辞，而且是人们深层认知的思维方式，有着复杂的认知工作机制，深刻影响着我们对语言结构的生成与发展、世界的认识与判断、对思想意识的形成与组织。

人们理解世界的方式无不通过隐喻概念的衍生，隐喻为人们提供经验框架，用以形成合适的观念和表达，帮助思维理解抽象概念。莱考夫以"争论是战争""爱情是旅行"等隐喻分析为理据，有力论证了隐喻并非语言表象所借用的修饰工具，并从思想和行为的认知层面逐层剥开了以隐喻为基础的人类概念系统。他以"认知拓扑"（cognitive topology）来解释隐喻网络在人们思想底层形成的认知图像，认为人们是以隐喻为中介与外部世界建立了复杂联系，将物质经验基础与新事物连接，赋予空间以结构，建立认知机制。① 他肯定了人的主观性在认知过程中的重要作用，认为抽象思想的建构并不依赖于客观世界的物理空间特性，而是以自我为中心的建构，形成认知图像后投射到世界中去的，概念的形成是源于从身体出发的人的经验积累，并主观地定义了时间空间的规则和位置。

莱考夫在研究隐喻的过程中借用了康德图式理论的观点，建构了隐喻的概念映射关系。他将隐喻置于喻源域与目标域之间的映射过程，喻源域中的认知图像通过感知层投射到目标域上，形成了包括中介在内的新的认知概念。隐喻过程经由一个抽象域的概念结构建立了另一个有具体义域的新的概念结构，从而形成了完整的抽象表达。莱考夫的隐喻认知图否认了绝对客观主义，强调人们对世界

---

① George Lakoff, "Cognitive Semantics", in Umberto Eco, Marco Santambrogio and Patrizia Violi eds., *Meaning and Mental Representation*, Bloomington, Indiana: Indiana University Press, 1988.

的感受体验,关注身体与世界的相互作用构成的人脑概念形成、情感特征、文化偏见等。莱考夫在主观心理学的理论视角下摒弃了经典的范畴模式,建立了由认知模式界定的、以核型为基础的辐射状范畴理论,其基本观点是范畴中的一些核心特征比其他特征更具代表性。① 他提出辐射式范畴和原型效应的存在是因为人类是通过部分的和理想的认知模式来建构世界的概念,作为一个范畴基础的理想认知模式符合现实世界实体或情况的程度,这种实体的范畴代表性便可测量,而原型范畴特征是能符合与这个范畴有关的作为基础的假设和规范。以这种方式来重新定义范畴,莱考夫以概念隐喻思想重新审视了真理问题,认为隐喻不但不违反真理条件,并且还将延伸新视角,拓展了人们对世界的认知。因而,隐喻的存在为人们认知过程提供了动因。

　　传统隐喻理论的支持者会持有这样的观点,没有隐喻人类社会可以照样生活。莱考夫与约翰逊并不赞同,他们在研究发现隐喻无处不在地伴随于人们的日常生活中,不仅是语言表达过程,更是人们的思维和行动的全部过程。从根本上说,人们的日常概念系统都具有隐喻性本质。隐喻不限于词语替代、概念与意义比较、语义关联与互动。人们所使用的义域系统是十分灵活的,对自我以及世界的认识可通过不同种类的义域表达,一个义域的概念可被其他义域的概念隐喻化,在一定情境中为理解和交际服务。在以"争论是战争"为例的隐喻成分讨论中,莱考夫发现这种语义能够成立,被人们很好地理解,不仅是因为两个主要概念是从隐喻视角构筑的,更是因为人们的语言归根结底是隐喻化的,人们早已习惯于这样的语言的表达,只是对语言隐喻本质的无意识表现。对于"争论"具有

---

　　① [美]乔治·莱考夫:《女人、火与危险事物:范畴显示的心智》,李葆嘉等译,世界图书出版公司2016年版,第98—121页。

"战争"义涵的这样大多数的隐喻化概念并不是修辞的、想象的或诗学化的，而是本义的，它真实反映了人们对事件的认识。因此，莱考夫和约翰逊认为概念系统是隐喻化地构筑的。概念隐喻的提出不仅在语言学界引起了强烈震撼，也在认知科学和哲学领域产生了深远影响。

莱考夫认为隐喻概念具有系统性。隐喻过程是遵循一定范式的，在人们相应的概念表达中语义结构是有序的、系统的。隐喻的系统性表现为一个义域被其他义域解释时，主要集中表达了那个在一定情境中被突出的那方面特征，同时这个义域的其他方面特征处于有效遮蔽状态。在"争论是战争"中，我们并不关注涉及战争的其他特征，比如海陆空、飞机、导弹、指挥部等，而只关注涉及双方胜败、对抗等交互斗争的关系、氛围等意涵。在隐喻的建构和使用过程中，人们处于相同情境和文化理解中，自然而然地接受了喻源域到目标域的映射，对两个事物的某些特定的特征形成了隐喻观念，不会产生理解困难和意义分歧。

对于概念隐喻的分类形成，莱考夫和约翰逊深受雷迪传导隐喻的启发，在传导隐喻的框架基础上他们做了进一步推理，将概念隐喻分为方位隐喻、本体隐喻和结构隐喻。传导隐喻认为思想或意义是内容，词语是管道或容器，莱考夫和约翰逊以人类认识世界的规律对其进行了创新思考。他们认为，可以将人本身看作容器，通过身体表面与外界世界相隔，即有了内部外部之分。如此，传导隐喻的内涵可以扩展至对世界万物的认识，形成了有关空间走向的方位隐喻。这种空间走向立足于人们身体的体验和文化的经验，包括内外、上下、前后、来去、深浅、中心边缘等相对的概念组合。基于物理特性及文化异同所产生的人类经验形成了方位隐喻。这种方位走向在隐喻的使用中根据具体情境或文化差异也可能不同，例如，展现在我们面前的是充满希望的未来；严重的环境破坏使得往后的生活堪忧。对于"未来"或"往后的生活"走向在前或在后都可依据合理的情境来解释。概念隐喻避免了碎片化情境的孤立处境，义域的系统有序使表达具有非常连贯一致的特征，使得人们的交际更生动而易于理解。人们可以通过作为离散实体的物质或物体理解自身的经验，意味着人们可以对物体进行指称、分类、组合和测量，甚至对它们形成认识理念。基于这种经验的思考，莱考夫提出本体隐喻，作为概念隐喻的重要类别之一。本体隐喻将观念、情感、事件、活动等视为实质或实体，例如，我们用一个实体"通货膨胀"来隐喻价格上涨。在方位隐喻和本体隐喻中，很容易理解人们对事物附加的方位概念、指称或量化等，而在结构隐喻中更加复杂，常以一个高度结构化的清晰界定的概念来重新建构另一概念，通过命题结构来体现，但同样都是基于人们经验中的系统关联，可为扩展表达意义提供更多丰富的资源。

概念隐喻思想赞同比较论中隐喻可以把孤立的相似点作为比较基础的基本观点，但同时也在隐喻的基础和相似点的问题上有较大的认识差异。莱考夫和约翰逊认为，首先，语言隐喻是人们隐喻思维和隐喻认知的产物，是隐喻思想和行为衍生的内容，语言隐喻并不决定概念隐喻，它仅是人们思想和行动的外在体现。人类思维需要通过语言组织来表达，但二者的主次关系必须清晰。其次，相似点是隐喻产生的基础，常规隐喻中的相似点在其特定文化和情境中是真实存在的。再次，隐喻的连贯性使得部分孤立的相似点组合在一起，为人们提供沟通交际的意义资源，而其中那些重要的相似点的产生也源于隐喻。最后，相似点既可以是预先存在的，也可以是由隐喻新创的。

莱考夫的概念隐喻思想不仅对隐喻的分类、功能进行了更高层次的解析，重构了新范畴，并且更进一步探讨了隐喻与真理问题。传统西方哲学认为真理是绝对客观存在的真理，不因人类的意识或存在而改变，隐喻不可能阐述真理，因为真理必须是本义的、不加修辞的、非隐喻的。而莱考夫否认了绝对客观主义的观点，认为没有绝对真理的存在，真理本身就是由隐喻定义的概念系统，来源于人所感知的经验。这就形成了关于真理的经验主义观点，包括：真理是由真实的命题组成，真实才有客观意义，人们总是从概念系统去理解命题，真理与这个概念系统是相对的，人们的认识和理解总是有限的，无法理解全部世界，不能达到完全真理；真理需要连贯性、统一性的概念系统的支撑，否则无法使人们所理解；真理的理解同样需要人们共同的经验，这就要求具有共同的经验范畴被建立，建构范畴依然依赖于人们的经验积累，受到人们生产实践所形成的文化差异的限制，受到语言形成、语用理论的影响；真理经验主义理论的部分内容与古典现实主义相同，但不包含绝对真理；不同文化及观念系统的人群对世界的理解不同，所产生和信奉的真理必然不同，真理依赖于人们对现实的认知与经验。综上，莱考夫和约翰逊开辟了不同于绝对客观主义和纯粹主观主义的另一阵营，创建了基于概念隐喻思想的经验主义理论。

概念隐喻极大拓宽了隐喻研究在语言学的发展，丰富了相关研究的内容和路径，也引起了认知心理学、教育学、艺术等其他学科的关注，产生了巨大影响。一系列心理学实验主要围绕对概念隐喻理论假设的验证展开，例如理想认知模式是否受文化差异影响，[①]认知模式的动因分析[②]等各类影响因素，以及操作模型的研究与验证。根据莱考夫的隐喻观点，卡尔顿（Carleton）提出常规隐喻的

---

① Rositsa Ishpekova, "Conventional Conceptual Metaphors and the Idealized Cognitive Models of Animals", *Contrastive Linguistics*, Vol. 19, 1994, pp. 38 – 44.

② Olaf Jakel, "The Metaphorical Concept of Mind: Mental Activity Is Manipulation", in R. John Taylor and E. Robert MacLaury eds., *Language and the Cognitive Construal of the World*, Berlin: Mouton de Gruyter, 1995, pp. 197 – 229.

隐喻群可分成具体的组成意念，包括五类，分别为视觉、平衡、运动、结构和方位。① 抓住这些特点可以帮助人们共享概念系统，有利于进行教育和文化交流。格拉第（Grady）根据莱考夫"理论是楼群"（Theories are buildings.）这一概念隐喻，提出两个基本隐喻观点"组织是物理结构"（Organization is physical structure.）和"坚持是保持直立"（Persisting is remaining erect.）。② 他将复合隐喻分解为若干基本隐喻结构，更好地反映了隐喻组成之间的各种关系，分析重点放在以直接经验为基础的隐喻重叠上，更深入于人类认知系统的基本结构研究。概念隐喻在教育中尤其是语言教学中的应用更为突出，在帮助学生理解词汇和语篇意义的过程中，教师注重概念隐喻的应用，根据隐喻结构构筑目标语言的概念系统，通过编码等系统训练增强语言学习能力，提升隐喻能力对于教育者和受教育者都具有较强的教育意义。③

　　就概念隐喻研究本身，学者们也在其维度和深度的研究上有所深入，表现在对概念隐喻的结构和特点等的具体探究。④ 比如，概念隐喻的层次研究，对这个复杂系统不仅有结构之分还有复杂层次之分；⑤ 概念隐喻与语境的研究，在概念系统及文化的大语境和人们日常交际的具体语境中，对于隐喻的影响因素分析及创造性问题探讨；⑥ 概念隐喻在广告中的应用研究，论证嗅觉隐喻的隐性交流工作作用以

---

① 参见胡壮麟《认知隐喻学》，北京大学出版社2004版，第81页。
② Joseph Grady, "'Theories are Buildings' Revisited", *Cognitive Linguistics*, Vol. 8, 1997, pp. 267 – 290.
③ Maecel Danesi, "Metaphorical Competence in Second Language Acquisition and Second Language Teachering: The Neglected Dimension" in J. E. Alatis ed., *Georgetown University Round Table on Languages and Linguistics*, Washington, D. C.: Georgetown University Press, 1992, pp. 489 – 500.
④ 束定芳：《隐喻研究的若干新进展》，《英语研究》2017年第8期。
⑤ Ning Yu, "Beijing Olympics and Beijing Opera: A Multimodal Metaphor in A CCTV Olympics Commercial", *Cognitive Linguisticsm*, Vol. 22 – 23, 2011, pp. 595 – 628.
⑥ Zoltán Kovecses, "Recent Developments in Metaphor Theory: Are the New Views Rival Ones?", in Francisco Conzalvez-Grarcía et al. eds., *Special Issue of Review of Cognitive Linguistics*, 2011.

及引起的理解接受效应;① 概念隐喻的性质与生命周期研究,包括对莱考夫规约隐喻理论的挑战②和隐喻生涯理论的提出。③ 随着概念隐喻的不断深入发展,莱考夫学派也对原先理论有了更加深入的思考,比如之前认为所有隐喻都必须经过跨域映射的观点有所改变。④ 当然,所有研究必然在这样的过程中得到完善与成熟,但无论如何,概念隐喻研究已成为公认的认知语言学隐喻系统研究的开始,更为哲学、认知科学等多领域的相关研究打开了宽阔之门。

---

① Velasco-Sacristánand and Fuertes-Olivera, "Olfactory and Olfactory-Mixed Metaphors in Print Ads of Perfumes", *Annual Review of Cognitive Linguistics*, Vol. 4, 2006, pp. 217 – 252.
② Sam Glucksberg, "How Metaphors Create Categories-Quickly", in Raymond W. Gibbs Jr. ed., *The Cambridge Handbook of Metaphor and Thought*, Cambridge: Cambridge University Press, 2008, pp. 67 – 83.
③ Dedre Gentner and B. F. Bowdle, "Convention, Form, and Figurative Language Processing", *Metaphor and Symbol*, Vol. 16, 2001, pp. 223 – 247.
④ George Lakoff, "The Neural Theory of Metaphor", in Raymond W. Gibbs Jr. ed., *The Cambridge Handbook of Metaphor and Thought*, Cambridge: Cambridge University Press, 2008, pp. 17 – 38.

第二章　概念隐喻的基本性质

概念隐喻的基本性质包括内涵、特点、工作机制和分类演进，是明确莱考夫概念隐喻思想的关键。概念隐喻既是一种知识活动，负责构建和推动隐喻性概念系统的形成与运作，同时也是人们认知思维层面的一种活动，反映着人们对世界的理解和表达。概念隐喻表现出系统性、连贯性和亲身性的特点。概念隐喻的独特运作机制涵盖了隐喻映射的精细过程、意象图式的构建方式，以及亲身心智的神经机理等多个层面。概念隐喻最初被划分为方位隐喻、本体隐喻和结构隐喻，这种分类方式来自莱考夫对人与自然环境、外部世界的互动作用的认识，反映出概念隐喻思想对"人的经验"的特殊重视。国内外很多隐喻研究者都对此进行了较为详细的剖析和借鉴。尽管概念隐喻的早期分类具有深远的影响，但在不同的类别范畴中，却存在片面性和非系统性的问题，诸如内容之间的相互重合，以及类别等级的模糊性等。莱考夫本人在2003年《我们赖以生存的隐喻》补充的后记中也提到了这一点。在后期分类中莱考夫对此做出了进一步修正和完善，将概念隐喻重新划分为基本隐喻和复杂隐喻，更加成熟地解释和说明了概念隐喻的习得过程和推理机制。

第一节　概念隐喻的内涵

传统隐喻研究及哲学观几乎没有让隐喻在人们认识和理解世界及自身的问题上发挥什么作用,而概念隐喻源于莱考夫对人们如何理解人类语言和经验的关注,以隐喻作为中心问题挖掘出其本质与人的语言、思维、认知的关系。了解概念隐喻的独特内涵是把握莱考夫概念隐喻思想的前提。

一　隐喻的内涵本质

人们认为不管隐喻是否存在,他们都可自如交际,不会对生活造成任何影响,这种观点长久以来未被严肃质疑,隐喻的内涵历经几千年仍停留在语言认识层面。直到概念隐喻思想的诞生,莱考夫认为隐喻并非寻常语言,也不仅是想象、修饰和诗意修辞的语言策略,传统隐喻研究将其简单看作语言文字的特征是片面的,忽视了其思想和行为的特点。莱考夫提出,"无论是在语言上还是在思想和行动中,日常生活中隐喻无所不在,人们思想和行为所依据的概念系统本身是以隐喻为基础的","概念系统大部分是隐喻,人们的思维方式,每天所经历所做的一切充满了隐喻"[1]。这意味着隐喻支配着我们的语言表达、思想观念、思维能力,深刻地影响着我们日常的行为方式和生活运作。

本书认为,莱考夫所指的概念并非哲学层面的概念,而是语言学层面的由词语组成的概念。组成我们生活的点点滴滴都离不开概

---

[1] [美]乔治·莱考夫、马克·约翰逊:《我们赖以生存的隐喻》,何文忠译,浙江大学出版社2015年版,第1页。

念的形成和运用，而概念系统并非我们时刻能够意识得到的，人们习惯了以一定的方式处理一定的问题，按照自觉意识自然的思维和行动，究其概念系统并未显而易见。实质上只有思想和行动基于同一个概念系统，人们才可顺畅交际，因此概念系统的建立是人们的思维、认知的先决条件。而要想了解人们概念系统的形成及特点，语言成为最重要的证据来源。莱考夫从语言学的实证研究得出，人们普通的概念系统大都是隐喻的，并以概念隐喻思想的分析方式鉴定了隐喻是如何使人们感知、思考和行动的，以及概念隐喻如何建构人们的日常生活。经典的举例即"争论是战争"。我们将战争中双方的对峙、立场的捍卫、输赢的较量、策略的制定、氛围的营造等意义赋予了争论的过程，形象描述了争论的情境，使人更深刻地体会和感受到争论不同于普通对话的意义。从某种意义上讲，我们已经习惯了这样表述，并未采用何种修辞去刻意描述，说明这已成为我们文化中赖以生存的一个隐喻。

"隐喻的本质就是通过另一事物来理解和体验当前的事物"，"语言也是在以隐喻的方式建构"①。基于对隐喻性概念的逻辑分析与语义探讨，莱考夫阐明了概念隐喻的内涵，可以概括为：第一，隐喻无处不在，它根植于人们日常生活的思想和行动中；第二，隐喻绝不仅仅是语言层面、有关词语的修饰形式或工具；第三，隐喻构成和界定了人类最基础的概念系统；第四，人的意识、思维是隐喻的，是隐喻性概念形成的基础；第五，隐喻性概念的表达是通过语言来实现的。可见，莱考夫概念隐喻的内涵本质是由隐喻性概念系统形成与运演的一种知识活动，是人们认知思维层面的活动。

莱考夫进而探讨了概念系统的形成，指出其根源主要来自人类

---

① ［美］乔治·莱考夫、马克·约翰逊：《我们赖以生存的隐喻》，何文忠译，浙江大学出版社2015年版，第3页。

的经验。隐喻构建了人们日常的概念系统，而概念系统由具体概念组成，并在一定文化情境下被人们所理解。比如空间概念的形成来自人们的身体活动对空间的感知和经验，包括对方向、坐标、位置、运动等的理解，这些形成了具体概念及概念框架，进而生成我们熟知的空间概念系统。因此，概念系统的建立离不开人的身体感知和人与自然之间的相互作用。人类最基础也是赖以生存的概念均来自人们的经验，而每个经验都是在一定的文化积淀和传承下获得的，也就是说经验的本质是文化，文化蕴藏在人们各种经验之中。莱考夫认为，相较于文化经验、情感经验等，身体经验容易使概念划定得更明确，人们是以知觉运动等身体经验为基础进行经验概念化的。由于情感经验与身体经验具有系统性关联，人们使用隐喻，通过明晰的经验概念化去界定不明晰的概念，由此使得情感经验、文化经验概念化。这一过程也同时促进产生了新兴概念和新兴隐喻，因为我们即便是具有基本相同的经验类型，但经验概念化的方式也并非基本相同。人们从认知世界的过程中积累经验、形成文化、创造概念，继而又提升经验、发展文化、更新概念系统。这一过程无限地带有创造性地循环，促使人类以这种方式去体验、认知和改造我们生活的世界。

二　隐喻定义与理解

隐喻对人们概念化经验方式、语言表达及生活方式产生了重要而广泛的作用。人们如何理解自身的经历，语言包括词语、句子是这一过程的重要证据，它为我们提供理解概念的数据。人们对概念的理解是整体系统的，不是以单个词句或单个概念来理解的，而概念系统是隐喻的，人们依据一种经验来理解另一种经验。那么，无论人们是否意识到，我们日常生活中对概念的定义都离不开隐喻过程。根据词典编纂的经验，传统的概念定义方式有其标准定义的特点，即概念定义被认为应是对具有概念本身内部属性的特征的概括。莱考夫并不赞同这种传统的标准理论定义观，概念隐喻更关注的是经验是如何被人们所理解的，那么被定义的是什么和是什么在定义成为关键问题。莱考夫认为，人们必然会使用隐喻对概念进行定义，并且各种自然经验才是隐喻定义的真正对象。他认为经验是整体的联系的，不是孤立的，对经验进行定义就必然会构成一个经验基本领域，也就是经验的结构化整体，被莱考夫称为"经验完形"。它作为基本的经验，描述了周期性人类经历中的结构化整体，经验维度和经验完形，这些构成了人们的经历。[①] 这种经验来自人们的身体，人们与物质环境的交互，同时也与处于文化环境中的其他个体进行深入的互动与交流。因而自然经验是人性的产物，它具有普遍性的特质，也深受文化形成过程的制约与影响。我们文化中自然经验的概念，如"时间""争论""劳动""健康""道德""地位""高兴""悲伤"等，其概念的定义由于本身界定不够明确，需要隐喻化的定义来进一步理解。概念隐喻中以其他概念来定义的概念，如"战争""旅行""建筑物""看见""物理方向"等，因具有较为恰当充足的内部结构，对自然经验的描述更为具体和清晰，可以用来定义其他概念。因此，概念隐喻在描述经验的结构特点方面具有突出优势，对于人们定义和理解概念发挥着不可替代的作用。

莱考夫主张概念不是通过内部属性来定义的，而是通过互动属性来定义的。概念系统及隐喻是建立在人们与物理环境和文化环境相互的持续作用中。我们的各种经验维度和经验完形的建构自然地出现在日常生活的交往之中。传统的定义观所强调的"客观性"，

---

① ［美］乔治·莱考夫、马克·约翰逊：《我们赖以生存的隐喻》，何文忠译，浙江大学出版社2015年版，第109—110页。

是基于经验和对象都有内部属性的假设。并且要理解概念，人们必须先通过内部属性的那些性质来实现认知，这个内部属性应是此概念义涵的充分必要条件。例如对"爱"这个概念的标准定义为"喜好、情感、性欲"等。但事实是我们理解"爱"的义涵并不局限于这种有限的内部属性，往往是通过隐喻性的认识，依据其他概念如"旅行""战争""疯狂"等表达自然经验的词汇来理解。因为这样的定义来源于我们与世界、我们与他人的互动体验，这些概念被隐喻的形式所定义，而我们对概念的理解主要来自它们的互动属性。

借助隐喻以互动属性来定义和理解概念是一种新的定义观，其不同于标准定义观的另一特点还体现在属性的范畴化方面。标准定义观认为，范畴是以事物内在属性来界定的集合。一旦范畴被确定，要么是该事物在此范畴之内，说明其具备这种内在属性的特点，要么是该事物在此范畴之外，说明其缺少或者不符合这种内在属性的特点。莱考夫认为，范畴化是人们认识和改造世界的手段，应具有充分的灵活度。依据事物原型对事物进行范畴化的过程中，主要依据的是事物与原型的关系，或是否具有与原型一致的家族相似性，而不是事物本身，即不必拥有事物原型的属性内核。在确定各种家族相似性的属性中，互动属性最为优先，这种互动属性包括知觉属性、功能属性、肌动活动属性、目的属性等。范畴化过程具有系统性、灵活性、开放性，可以各种目的、各种方式通过原型和与原型的关系类型来定义概念。概念隐喻是进一步定义和理解概念，改变概念适用性范围的系统化手段。

三 隐喻蕴涵新意义

概念系统的本质是隐喻的，那么人们在语言表达过程中，隐喻是如何具体赋予语言形式以意义的，可以总的概括为隐喻为语言形式和内容构筑了直接联系的桥梁。从空间视角来观察语言形式会发现很多被人们概念化的语言形式基本是以空间术语来描述的，语句形式中充满了空间隐喻。因此人们很容易判断出语句中词句的位置、长短、间隔，文字系统被概念化为具有线性特征的表达形式。意义上的变化可能来自词汇、语序、语调或是语法结构的改变，尽管有些是细微的改变也会引起意义细微的变化。例如关于"形式越多，内容越多"的例子，"他非常非常非常快乐"就比"他非常快乐"更快乐，这种在语言中使用添加重复词组或拉长音节等重叠形态学手段来改变意义的语言形式经常出现。莱考夫以"紧密度就是效果强度"这个隐喻更好地说明了意义细微变化的本质。例如，我把汉语教给 Lily（I taught Chinese to Lily.）和我教 Lily 汉语（I taught Lily Chinese）。"Chinese"距离"taught"更近或是"Lily"距离"taught"更近所表达的含义具有细微差别，分别强调了教的内容和教的对象。这里的不同距离即"紧密度"的形式之一，"紧密度"赋予句法成分的变化，与语言形式有关，"效果强度"赋予句子意义的变化，与语言意义有关。因此意义的细微差别不在于语言的特殊规则，而是人们概念系统中隐喻作用于语言形式的效果。从语言形式上来看，语言具有空间属性和空间关系（如语句的长短和紧密度），空间术语在隐喻概念化的过程被自然地运用，形成了我们表达事物的语言方式，空间隐喻在概念系统中自动建构了语言形式和意义之间的关系。①

隐喻赋予语言形式以意义，一般表现在常规隐喻方面。可忽视的是，在我们的经历和文化中存在更多更复杂的富有创造性和想象力的新隐喻正在不断创造着新意义。新隐喻也有蕴涵，包括它的字

---

① ［美］乔治·莱考夫、马克·约翰逊：《我们赖以生存的隐喻》，何文忠译，浙江大学出版社 2015 年版，第 126—127 页。

面表述和它所包含的子隐喻。例如"爱是一件共同加工的艺术作品"可以被分解为诸多个子隐喻，每个隐喻蕴含还可能延展为更多蕴涵，形成了系统的连贯的蕴涵网络，并且这里包含了"爱是共同担当"的非隐喻义涵，也包含了"爱是一种美的体验"的隐喻义涵。这一鲜活生动、具有洞察力的复杂隐喻蕴含着丰富的新意义，它突出了"协作过程"和"艺术作品"的隐喻结构，抑制了其他未被强调的特征，将爱情视为一种经历组织建构起来，使其具有连贯性，让爱有了全新的意义，这是常规隐喻表达不清的。这一隐喻不仅蕴含了众多概念，形成了多重映射，而且蕴含了这些概念和映射的具体方面。这里隐喻对"爱"产生的意义不但与隐喻发出者所处的文化有关，还与其过去的经历有关。莱考夫还以"化学"隐喻创造一种新现实为例，讨论了对人类问题的新看法，文化决定社会现实并影响其物理现实概念的形成，社会现实是用隐喻来理解的。由此再次强调，隐喻不仅仅是语言的问题，隐喻也决定了人们所在社会的社会现实。

　　人们所感知到的许多相似性是概念系统中隐喻的结果。莱考夫认为概念隐喻通过若干种方式创造了相似性。方位隐喻、本体隐喻、结构隐喻等常规隐喻的相似性通常基于人们经验中可察觉的相互关系。例如方位隐喻"健康为上""快乐为上"中"健康"和"快乐"之间可被感受的相似性；本体隐喻"劳动是资源""时间是资源"中"劳动"和"时间"在人们文化中被量化和消耗的相似性；结构隐喻"思想是食物"中蕴含了"思想是物体""头脑是容器"等多个隐喻，构建了我们头脑和身体之间的相似性。复杂隐喻是由基本隐喻引出的相似，比如"思想是物体"是本体隐喻，"头脑是容器"是本体隐喻和方位隐喻，思想和食物之间的结构性相似则可以引发多种隐喻相似性的产生。新隐喻主要是复杂隐喻，也是结构隐喻，它们以常规隐喻或基本隐喻的相似性为起点，选择突出或强调一种经验范围，同时规避或淡化其他经验范围。例如在"爱是共同加工的艺术作品"中选择了协同制作艺术作品的经验范围与"爱"的部分经验范围结构相似，从而产生了爱的全新意义。相似性还可以是与隐喻有关的相似性，即人们的经验的相似性。莱考夫主张的经验相似性是对立于客观主义的客观相似性的。客观主义认为客体具有客观存在的属性，与人毫无关联，客观相似性是客观存在的，不依赖体验者的特征，隐喻是不可能创造相似性的，因为隐喻没有改变客观世界的本质，无法创造之前不存在的客观相似性。莱考夫承认事物在约束人们的概念系统中发挥了作用，但主张必须通过人们体验、经历那些事物才能起到作用。概念隐喻基于人们经验中的互动与关联，这些经验因人们所经历的不同文化而不同，也同时依赖于个人经验对其他经验的理解，但经验确定了概念系统的范畴，经验和概念系统的本质都是隐喻的。

第二节 概念隐喻的特点

莱考夫对隐喻本质的透彻分析使得概念隐喻成为探索人类语言、思维、认知的有效工具与合理中介。在概念隐喻思想不断完善与成熟的探究过程中，更加清晰地展现出概念隐喻的重要特点，即系统性、连贯性和亲身性。这些至关重要且非同寻常的隐喻特征在以往隐喻理论和实践研究中并未给出合理解释的。

一 系统性

概念隐喻的系统性是指隐喻性概念是系统的，那么承载着概念的语言即系统的，它们是隐喻性概念的基本属性。人们通过系统的语言表达来反映自身行为活动的隐喻性规律和本质。在日常生活中，隐喻性表达和隐喻性概念系统地紧密相连，建构了我们的思维方式和行为方式。例如"时间就是金钱"这一隐喻中，可以联想到由"浪费""消耗""花费""耗费""预算""安排""投资""利用""错失""积攒""值得""省""陪""挤""有""无""闲工夫"等一系列与"金钱"有关的词汇组成概念系统。这些蕴含人们对金钱体验的概念是具有相似特征和结构的，可以系统性地将喻源域的意义映射到目标域之中，赋予"时间"以"金钱"特征的意义，并且可以更大程度地将意义进行延展。比如进一步有了"时间是有限的资源"，"时间是宝贵的商品"等隐喻，因为"金钱"是"有限资源"，"有限资源"是"宝贵商品"。在这一隐喻过程中又会由一系列与"有限资源"和"宝贵商品"有关的词汇组成概念系统，延展后的概念系统也是系统性的。隐喻概念在次范畴化的基础上建构了与原先系统有联系又自身独立的新系统，这些隐喻之间蕴含关系是次范畴化的关系。

概念隐喻的系统性还体现在凸显和隐藏了部分概念特征。这种系统性能够帮助人们通过一个概念的某方面特征来理解另一个概念，在凸显部分特征的同时，必然要隐藏其他不被强调的特征。"时间就是金钱"并不意味着"时间"被建构了"金钱"的全部属性，而只是其中的一部分特征被强调，其他方面比如"金钱"要不要还给某人等义涵就不适合映射给"时间"概念。这一方面与该隐喻所置于的情境有关，另一方面与隐喻发出者的目的有关。总之，一个概念隐喻的建构不是全面的，只是这个概念的部分内容得到意义延展。

二　连贯性

首先，概念隐喻的连贯性表现在隐喻与文化的连贯。人们使用的最基本概念中的隐喻结构与人们所处的文化中最根本的价值观是一致的。人们概念系统的形成来自自身的思维方式和群体的文化积淀，概念系统本身是隐喻性的，那么概念中的隐喻功能必然会为其所处的文化情境服务。人类不同的社会发展阶段或是不同人群的社会所产生的文化大不相同，文化价值观是该文化的核心内涵，不同的文化产生不同的文化价值观，只要是实际存在并牢固确立的价值观一定与隐喻系统相连贯。莱考夫认为，各种不同的文化价值观必然存在矛盾冲突，必须发现使用这些价值观和隐喻的亚文化所赋予它们的不同优先权。① 例如，"更多为上"就比"意识为上""未来为上""高低位为上"更有优先权，因为"更多为上"的身体基础最清晰。这种优先权的次级一方面受到人们所处的亚文化的影响，另一方面也受到个人价值观的影响。个人和群体一样，如何界定方位、是非、善恶等判断、程度及事物的方方面面都可能会因人而异，这取决于人的经验，因此，个人也是亚群体中的一种。在主流文化中，各种亚文化的价值观不尽相同，但都遵循着共同的基本价值观，这些基本价值观同样也被赋予了不同优先权。哪些概念被认为是重要的，哪些概念被赋予何种意义，因文化迥异和不同个体而不同，但所有文化价值观与人们表达中所使用的隐喻结构连贯一致。

其次，概念隐喻的连贯性表现在经验的连贯建构。隐喻常表示为以一种概念来部分建构另一概念，其意味着以一种经验来部分建构另一种经验。莱考夫发现，经验是具有结构性的，通过经验完形的建立和经验维度的剖析可以更好地理解经验的连贯建构。比如在两方对话中，对话内容就包含着这样的结构维度：对话参与者、对话部分、每个话轮、对话阶段、线性序列、对话因果关系、对话目

---

① ［美］乔治·莱考夫、马克·约翰逊：《我们赖以生存的隐喻》，何文忠译，浙江大学出版社2015年版，第21页。

的等。这些结构维度具有序列特征，可以准确描述对话的细节，并总结了典型对话的共性经验，构建为一般对话的经验完形。判定一个"对话"是否变成一场"争论"即可从此七个维度与"战争"概念的典型特征要素相对比，如果"战争"概念要素的多维结构可以合理映射在"对话"结构上，则"对话"即上升为"争论"。这种多维结构把经验整理成结构化整体，即经验完形，以"战争"完形构建"对话"完形。我们以这种方式对经验分类，定义经验的基本维度，以这些维度的完形进行范畴化，使概念与经验相符，从而看到不同经验中的连贯性。经验完形描绘了连贯性，有的完形相对简单，如"对话"完形，有的完形相对复杂，如"战争"完形，还有一些复合完形部分需依据其他完形进行建构，这也再次证明了概念建构的隐喻性。

再次，概念隐喻具有其自身的连贯性。这种特征表现在单一隐喻内部具有连贯性和单一概念的两个方面之间具有连贯性。第一，单一隐喻内部如何具有连贯性。莱考夫以"一场争论是一次旅行"的隐喻为例。关于"旅行"的两个事实可以表述为："一次旅行决定一个路线"；"一次旅行的路线是一个表面"。通过隐喻过程产生了如下隐喻蕴涵：基于"一场争论是一次旅行"和"一次旅行决定一条路线"得出"一个争论决定一条路线"；基于"一场争论是一次旅行"和"旅行的路线是一个表面"得出"一场争论的路线是一个表面"。可见单一隐喻建构中的系统性和连贯机制。第二，单一概念的两个方面之间具有连贯性。例如，结构上更为复杂的另一隐喻"一场争论是一件容器"，以"容器"的分界面、内容、容量等特点来映射"争论"的论点内容、观点获得等。可以看出，"旅行"隐喻和"容器"隐喻所关注的争论的细节、特点、目的并不相同，但由于他们有着共同的蕴涵，所以二者可以产生隐喻重叠。莱考夫从拓扑学视角为其绘制了隐喻重叠的图式，其义涵表明：在"旅行"隐喻和"容器"隐喻中争论的形式分别为"路线"和"容器的分界面",争论的内容分别相当于"涵盖的范围"和"容器内的东西"。根据拓扑性质,争论所涉及的面(范围)和容器的面都是面,两种隐喻的重叠通过这个"面"而渐进创造,共同关注了争论的内容。由此发现,隐喻蕴涵在连接单一隐喻建构中和连接单一概念的两个不同隐喻建构中均起着十分重要的作用;同一个隐喻蕴涵可以交叉对应多个隐喻;凸显概念的特征决定了不同的隐喻建构及其服务目的;目的重叠导致隐喻重叠,并且使隐喻具有连贯性;连贯性是隐喻的典型特征,但几乎很少存在绝对完全连贯的隐喻。

最后,隐喻中有更加复杂的连贯性。更加复杂的隐喻可以概括出两个特点:一是通常一个单一概念可能由多个隐喻建构而成;二是人们运用隐喻来理解概念的过程中经常会出现多次隐喻重叠。莱考夫关于"争论"概念的探讨在更加复杂的隐喻实例中显得更为精彩。关于"争论"的隐喻建构可以通过建立概念联系继续扩展,这些联系有松有紧,所形成的概念网络具有全局结构,其中有些联系相对较为基础。"争论"中论点的好坏主要取决于内容、进展、结构、说服力,以及基础性、显著性、直接性和清晰度等主要方面。莱考夫进而引入第三个隐喻"一场争论是一栋建筑物",从上述维度以矩阵模式对三个隐喻中"争论"概念被映射的各方面进行了分析。"旅行"隐喻关注了"争论"的内容、进展、直接性、显著性;"容器"隐喻关注了"争论"的内容、进展、基础性、说服力、清晰度;"建筑物"隐喻关注了"争论"的内容、进展、基础性、说服力、结构。三个隐喻的重叠成分显而易见,都关注和界定了"争论"内容这一事实,其中还有二者之间更多的重叠焦点,所以三个隐喻之间是具有连贯性的。我们不可能穷尽所有涉及"争论"的隐喻,"争论是战争"一个隐喻本身就具有庞大的连贯性网络，这使得看似孤立、单一的隐喻表达变得具有整体性。隐喻蕴涵及隐喻独特的连贯性为人们建构高度抽象、复杂的概念提供了不可缺少的资源。

三 亲身性

概念隐喻的亲身性（embodied）是概念隐喻最突出的特点，也有国内学者在之前的研究中将"embodied"译作"身体性"或"具身性"，后多以李葆嘉等学者所译"亲身性"更为适宜。莱考夫在概念隐喻思想中尤为强调了人的经验和人与自然的交互作用。人们通过身体的感知、体验和与外部世界互动不断获得经验，进而产生了隐喻性思维，经由隐喻性概念表达生成语言形式从而实现交际。因此，身体经验以及所延伸的人的其他经验成为概念隐喻亲身性特点形成的基础。概念隐喻的亲身性包括人的身体经验中感觉运动经验与主观经验相契合的亲身性特点，隐喻中喻源域的逻辑亲身性特点和神经联结的亲身性特点。首先，莱考夫概念隐喻的逻辑起点为人的身体感知与体验使得知觉与肌动系统在塑造概念中发挥了不可替代的作用，因为来自身体的各种经验的积累和与其密不可分的概念系统的建立使人类具有区别于其他生物的显著特点。这种感觉运动经验与主观经验相契合是各概念域形成并产生映射的前提，身体和大脑在概念建构中不可分离的交互作用促使人类有了理性的塑造。因而，从人的自然构造及属性的基础层面上来看，概念隐喻就是体验的、经验的，具有明显的亲身性特点。其次，概念隐喻中喻源域的逻辑来自感觉运动系统的推理结构。一方面，莱考夫人认知无意识的思想已在一定程度上阐明了身体本能对概念形成和认知能力的重要影响。另一方面，无处不在的，具有从喻源域到目的域逻辑的隐喻映射过程既来自有实体的身体，又来自无实体的理性。随着范畴化进程的不断扩展，映射的多元化和复杂性增强，新的表达合理地出现，新的概念伴随着映射系统不断延伸，来自感觉运动系统的推理结构不再仅限于身体感知，它使得隐喻变得更加活跃和有弹性，不断产生新的隐喻。因此，隐喻的推理结构是具有亲身性的。最后，神经联结具有亲身性。莱考夫认为，作为神经生物，人的生物结构具备给事物分类的本能，范畴化是不可避免的，大部分范畴都不是有意识推理的结果。人脑是通过突触联结集合在各个神经束之间形成激活来传递信息的，神经联结的亲身性就体现在最终在神经上成为与神经联结有关的突触权重。这一观点来自莱考夫提出的亲身心智的神经机理过程，本书将在概念隐喻的工作机制中详细论述。

第三节 概念隐喻的工作机制

在概念隐喻理论形成的初期，莱考夫和约翰逊将隐喻映射（metaphorical mapping）和意象图式（image schema）视为概念隐喻工作机制的重要组成。随着概念隐喻思想的不断深入发展，莱考夫又创造性地从神经科学的视角审视了概念系统的建构和隐喻推理的过程，形成了亲身心智的神经机理，丰富了概念隐喻的工作机制研究。

一 隐喻映射与意象图式

隐喻的映射（Mappings）结构作为概念隐喻的核心思想，成为莱考夫解释概念隐喻工作机制、构建隐喻性思维、探索认知科学哲学观的理据和利器。莱考夫认为，概念隐喻是一种跨域映射，遵循恒定原则。[1] 概念隐喻的跨域映射是借助数学集合概念中映射的对

---

[1] George Lakoff, "The Contemporary Theory of Metaphor", in Ortony Andrew ed., *Metaphor and Thought*, Cambridge: Cambridge University Press, 1993, pp. 202–251.

应含义，表现两个义域在概念上的对应关系，两个义域分别称作喻源域和目标域。对于两个义域之间的映射结构，莱考夫采取了两种图式标记方法。第一种是将目标域放在主语位置，以"相似性"（Similarity）标注，喻源域放在谓语的名词性词语位置，以"接近性"（Proximity）标注，映射方向及过程由系动词 is 来表示，写作"Similarity is Proximity"。这一表示仅是用符号标记表达跨概念域的隐喻映射结构，并非当作英语句子来使用。第二种是直接用图式符号表示，写作"Similarity→Proximity"。概念隐喻的映射图式为理解认知提供了威力强大的观念工具，映射过程包括三个重要内容：第一，喻源域的突出结构特征映射于目标域的结构；第二，喻源域中的各种关系映射于目标域的关系网络；第三，喻源域的知识映射于目标域的知识。概念隐喻的映射既是两个主要成分之间的概念映射，也是二者之间的感知映射，映射过程不是如传导隐喻一样机械地传递或是转移观点结构，也不是数学集合的概念运算，而是在两个义域之间保留并创新了推理和词语表征的过程。从语言学角度看，这种跨域映射是语言发生学上的映射，但不是简单的语言问题，而是人们理性思维层面的问题，因此映射是第一性的，语言是第二性的。

意象图式也是概念隐喻工作机制的重要概念，莱考夫的重要合作伙伴约翰逊在其著作《思想中的身体》中概括出 20 多种意象图式，专门论述了意象图式的体验基础和意象图式在隐喻推理及意义建构中的重要作用。约翰逊认为，意象图式是感知互动及感觉运动活动中的不断再现的动态结构，这种结构为我们的经验赋予连贯性和结构性。[①] 这意味着意象图式产生于人类基本活动的相互连贯之

---

① Mark Johnson, *The Body in the Mind: The Bodily Basis of Meaning, Imagination, and Reason*, Chicago: The University of Chicago Press, 1987.

中，意象图式赋予抽象活动于具体结构，使得人们可以准确理解这些活动，并进行推理与联系。据此，有学者将意象图式的特点加以概括，认为意象图式是一种抽象结构，它来源于人体在外部空间世界中的活动，具有体验性；它是许多具有一些共同特点的活动的"骨架"；它是人们头脑中抽象的、看不见、摸不着的表征；它在人类的活动中是不断再现的；它被用来组织人类的经验，把看似无关的经验联系起来；它产生于人类的具体经验中，但由于人类可以把它映射到抽象概念中去，因此它可以被用来组织人类的抽象概念。①因此，概念隐喻在跨域映射的实现过程中同时离不开意象图式的作用，通过意象图式的转变过程，人们把感知范畴映射到高层次的概念范畴，实现对抽象事物的概念化，通过概念隐喻形成了抽象推理。意象图式在认知语言学中被特别关注，源于莱考夫在讨论跨概念域映射时所发现的恒定原则。这一原则的意思是说从喻源域向目标域的投射的前提是两个义域存在着一致的意象图式结构。在后期研究中，莱考夫在意象图式研究的基础上形成了独特的范畴理论。

二 亲身心智的神经机理

随着概念隐喻思想的持续深化与拓展，莱考夫独树一帜地从神经科学的角度审视了概念系统的构建与隐喻推理的生成，进而揭示了亲身心智的神经机理，为概念隐喻的工作机制研究注入了新的活力与内涵，使其展现出了更加广阔的研究视野和更为深刻的理论精髓。传统西方哲学中的官能心理学主张理性思维独立于人的身体之外，不受知觉和身体运动支配，人类有别于其他动物的本质即因为这种独立的自治理性。而后，进化论的出现对官能心理学产生了巨

---

① 李福印：《意象图式理论》，《四川外语学院学报》2007年第1期。

大冲击，认为人的能力来自动物的能力。认知科学的观点则认为，不存在知觉和运动之外完全自治和独立的理性官能，心理机能与身体机能不可分离。从生物学角度讲，大脑的神经结构是人们利用概念进行推理的生物基础，人们头脑中不同的概念内容及推理形式和类型都决定于神经网络架构。莱考夫认为，存在一定的神经模型对神经元进行复杂的神经计算，理性推理正是通过用于知觉或身体运动的神经架构的计算得以实现。认知无意识来自人们的日常本元和真实感受，即人的身体、大脑及其与外部环境的交互作用。从认知科学视角重新审视什么是真实、真实怎样被人们感受等哲学问题，会发现这些都源于我们的身体，具体来说依赖于我们的感觉运动器官和大脑的精细结构，是这些生物器官的基本构件使得我们可以感知、移动、操作、控制，形成思维和积累经验，并经过不断进化得以成熟。

官能心理学主张的"离身性心智"（disembodied mind）认为，心智内容及推理过程并非由身体塑性，感知是纯粹身体的，概念的形成和运用是纯粹心智的，二者是绝对二分的。莱考夫提出的"亲身性心智"（embodied mind）正是相对于离身性心智的观点，主张概念特有的属性都是大脑与身体在外部环境的交互中以结构化方式创建的，既强调了大脑与身体的不可分离性，又强调了人际反应与物质世界环境交互的作用。这一主张的提出产生了令人震惊的结果，亲身性心智的假设彻底消解了感知与概念的区别，悍然颠覆了历史悠久的官能心理学的哲理及其心智与语言的强模块理论，使得始终坚持感知机制与概念机制相分离的观点被强烈质疑。①

---

① ［美］乔治·莱考夫、马克·约翰逊：《肉身哲学：亲身心智及其向西方思想的挑战》，李葆嘉等译，世界图书出版公司 2018 年版，第 37 页。

虽然心智亲身性的神经建模过程尚没有完备的神经生理证据，但莱考夫根据现有的感知或肌动机制的神经模型推理了概念系统建构的部分经验。神经模型执行有关概念的任务包括两类，一是学习词项语义场的结构，判断词项间的关系是否正确，二是抽象推理过程。这需要同时进行两项工作：感知或肌动控制的工作和形成概念、构建范畴、进行推理的工作。这些神经模型的计算过程就是执行感觉运动的操作过程，包括概念化过程、范畴化过程、推理过程和语言学习过程等。通过空间关系概念，身体运动概念、动作或事件结构概念等在神经建模中的应用，这些模型在大脑视觉系统中发挥了关键的塑形作用，形成了卓越的功能性表现。进一步研究发现，这些模型中并不存在感知与概念的纯粹分离现象，这充分证明了感觉运动系统对于重要概念结构的强化作用，从而支撑了概念系统的建构。莱考夫总结了心智亲身性的三个重要模型：瑞杰尔模型（学习空间关系术语）、贝雷模型（学习手部动作动词）和纳拉亚南模型（肌动图式、语言的体及隐喻）。① 瑞杰尔模型证明了大脑中神经结构在处理感知任务的同时对概念任务的处理是如何进行的；② 贝雷模型充分表明神经元回路如何用于概念意图过程，肌动控制也不是其唯一作用；③ 纳拉亚南模型证明了在隐喻映射下身体活动的肌动模型可以进行概念的抽象推理。④

总之，概念隐喻思想突破性地回答了以隐喻为中介的人的语言

---

① ［美］乔治·莱考夫、马克·约翰逊：《肉身哲学：亲身心智及其向西方思想的挑战》，李葆嘉等译，世界图书出版公司2018年版，第39—40页。
② Terry Regier, *The Human Semantic Potential: Spatial Language and Constrained Connectionism*, Cambridge, Mass: MIT Press, 1996.
③ David Bailey, *A Computational Model of Embodiment in the Acquisition of Action Verbs*, University of California, 1997.
④ Srini Narayanan, "Talking the Talk is Lisk Walking the Walk: A Computational Model of Verbal Aspect", in Shafto M. G. and Langley P. eds., *Proceedings of the Nineteenth Annual Conference of the Cognitive Science Society*, Mahwah, N.J: Erlbaum, 1997.

与思维之间的关系，人们如何产生并得以合理表达自己的思想，以及如何进行概念化。与以往研究聚焦于概念隐喻的映射机制不同，本书不但关注映射思想对概念隐喻后期分类的重要影响，更深入分析了莱考夫隐喻工作机制中，隐喻推理是如何工作的，以及概念隐喻是如何有助于人们理解抽象概念和词语、复杂表达和语法结构意义。因此，可以说本书所概括的隐喻的定义与理解、隐喻蕴涵新意义和亲身心智的神经机理等是对概念隐喻工作机制进一步探索的有益尝试。

第四节 概念隐喻的分类演进

概念隐喻最初被划分为方位隐喻、本体隐喻和结构隐喻这三种类型，这一分类方式源于莱考夫对人与自然环境、外部世界相互作用的深刻理解，彰显出、概念隐喻思想对"人的经验"的独到关注和重视。在后期的分类工作中，莱考夫对概念隐喻进行了更为严谨的修正和完善，将其重新划分为基本隐喻和复杂隐喻两大类别，从而更加成熟地阐释了概念隐喻的习得过程与推理机制。对概念隐喻的分类及进一步修正增强了对隐喻生成和运用过程理解的科学性和合理性，本节将具体论述莱考夫概念隐喻分类演进的过程。

一 早期分类：方位隐喻、本体隐喻和结构隐喻

莱考夫提出概念隐喻时，从概念系统的解构和思考角度将概念隐喻分为三种类型：方位隐喻（orientational metaphor）、本体隐喻（ontological metaphor）和结构隐喻（structural metaphor）。这种分类方式源自西方传统隐喻理论中对隐喻本质探索带来的启迪，也来自莱考夫对人与自然环境、外部世界的互动作用的认识，反映出概念

隐喻思想对"人的经验"的特殊重视,为隐喻性概念的复杂建构提供了基础的解释说明。

(一)方位隐喻

方位隐喻即隐喻的形成跟空间方位有关,比如,上下、里外、前后、深浅、中央外围等。① 这些都来自我们的身体对物理空间环境的交互体验和作用。概念定义的合理性取决于文化的认同,不同文化的人群对空间方位的识别和定义未必相同,但共同点是概念的形成都来自身体感受。莱考夫认为,大多数人们的自然及文化经验有共同之处,由于身体基础和文化基础的经验建立,使得在空间化隐喻表达过程中形成了共通的意义。以"上—下"两级对立方位的隐喻扩展为例,莱考夫列举了众多隐喻语句,归纳为"高兴为上,悲伤为下","有意识为上,无意识为下","健康和生命为上,疾病和死亡为下","控制或强迫为上,被控制或被强迫为下","更多为上,更少为下","可预见的未来事件为上"等来自身体基础的隐喻意义;"地位高为上,地位低为下","好为上,恶为下","道德为上,堕落为下"等来自社会身体基础的隐喻意义;"理性化为上,情绪化为下"等来自身体与文化基础的隐喻意义。由此总结了隐喻概念经验前景化、连贯以及系统性的结论,包括:空间化隐喻以一元或多元组织形式组成了大多数基本概念;空间化隐喻内部呈现系统性特点;隐喻的连贯性来自空间隐喻的外部系统性的全局展现;空间化隐喻不是随意安排的,只能通过物理经验和文化经验来实现概念理解;隐喻中充满着身体基础和社会基础所扩展而来的概念意义;很多有关科学理论的知识性概念形成来源于以身体基础和文化基础为核心的隐喻;人们身体和文化的体验是空间化隐喻

---

① [美]乔治·莱考夫、马克·约翰逊:《我们赖以生存的隐喻》,何文忠译,浙江大学出版社2015年版,第11页。

形式丰富和发展多样的基础条件。总之，隐喻的空间经验基础使得方位隐喻成为最典型，也是最容易理解的概念隐喻类别。

（二）本体隐喻

本体隐喻是利用离散的物体或物质来理解人们的经验，对它们进行指称、范畴化、量化，通过推理来完成隐喻。例如"大脑是机器"，这个隐喻使我们将大脑联想到像机器一样有动力活动、有规律运转、有工作效率、有生产能力、能创造价值，使得大脑的多种功能以机器的显著特点映射在我们脑海中，是通过对一物体的理解和体验来对另一物体进行概念系统建构。如同方位隐喻以空间方位的基本经验来使人们生成概念和获得理解，本体隐喻是借助于人们对物体或物质的感知和经验来建构概念系统，不同的是本体隐喻比方位隐喻的灵活度更高，它不受制于空间位置及有形界限，能够服务更多的语言表述目的，产生多样化的隐喻结果。例如，以指称为目的（如：我们的国家荣誉在这场战争中岌岌可危），以量化为目的（如：她的心中满是仇恨），以识别某方面为目的（如：在日本我们从未感受过胜利的喜悦），以识别原因为目的（如：内部猜疑使他们失去了获得冠军的机会），以树立目标、激发行动为目的（如：一旦出现对国家安全的威胁，中央政府立刻采取行动）等。本体隐喻以定义、量化等方式服务于特定的目的，可进行更多的解释。也是因为它们在我们的日常生活中被广泛和普遍地使用，而人们通常没有意识到它们是隐喻，只是将其归属为心理现象的自然描述和自觉表达，或已成为一种被人们认为是本义的概念阐述形式。

莱考夫在论述本体隐喻时从三种视角对"容器隐喻"的理解进行了延展：一是将人和物质本身看成容器。以人的身体表皮为界，每个人都可被看作是一个独立的容器，人体的内外部之分即为里外方向的投射模式；房屋和处所甚至森林都可被看作容器，场地的内外部之分即中心外围方向的投射模式；物质本身也可被看作容器，如人进入浴缸就进入水中，水是浴缸内的物质，二者种类不同，但都被看作容器。二是将视野概念化成容器，视野范围所见的物理空间则可被看作容器内的部分。这些本体隐喻都是对周边界限的量化。三是将事件、行为、活动和状态概念化，以本体隐喻来理解，则状态成为容器，事件和行为被看成物体，活动被看作物质。在某些角度，活动也可被看作容器，即容纳行为和构成该活动的其他活动的容器。综上，本体隐喻更为灵活，依据人们的多种经验，可赋予更多的隐喻空间。

（三）结构隐喻

结构隐喻是以一个高度结构化的清晰概念对另一概念进行隐喻建构。方位隐喻和本体隐喻只是赋予简单的空间方位概念，或指称、定义、量化它们，使隐喻得以有效使用，但以简单物理概念为基础的隐喻表达本身并不丰富。结构隐喻则通过详尽地阐明一个更为清晰、结构复杂的概念，使得概念所指的某些特征更为凸显，恰当地规避和隐藏其他特征，更加结构化的概念系统便于人们理解。结构隐喻同样来源于人们经验中的系统关联。例如"理性争论是一场战争"就是一个很好的结构隐喻实例，这里不仅是以战争的某些显著特征来描述争论的过程，"理性"突出了使用更加复杂的技术手段来进行争夺。斗争的基本结构并未改变，但人类作为"理性动物"以复杂的斗争制度化方式展开争论，彰显了更有效的斗争策略，反映了社会制度层面更高级的斗争实施手段。有时争论达到白热化程度时，人们为了获取自己想要的东西，或是冲破了情绪的有效控制，这样的争论还会"退化"演变回身体暴力。无论是在政治的、法律的或是学术的环境下以绅士的文雅的方式塑造理性争论，还是在家中喋喋不休地与人辩理，都是以"争论是战争"这个隐喻为基础来理解、建构和表述争论的事实的。在如此以身体之战来层层解构语言之战的复杂过程中，结构隐喻起到了情景化概念塑造的重要作用，使得人们将身体战斗的知识与经验付诸对争论的合理构想。

结构隐喻层次和层级相对较高，所表达的义涵相对复杂，大多基于人们丰富的文化基础，与人们的集体经验密切相关，它深植于人们的身体和文化经验之中，无时无刻不影响着我们的思想和行为。再如"劳动是资源"，是人们根据对原料、燃料等物质资源的经验感受，在文化层面进行了扩展，以"活动是物质"的简单本体隐喻为基础衍生出来的结构隐喻表达。原料生产需要劳动的活动组织形式和劳动量的产生，劳动生产又会带来经济效益等价值，劳动便成为人们生产生活的重要资源。在工业社会中劳动被人们以时间为单位和载体进行计量，根据本体隐喻定义和量化概念的描述模式，就有了更加复杂的结构隐喻"时间是资源"。同样，也可根据"时间是物质"的简单本体隐喻进行建构，总之劳动和时间都可以看作用来达成特殊目的的指称。这些复杂结构隐喻反映了我们文化中劳动与时间的某些性质，同时也隐藏和淡化了与此情境中凸显特征不相关的其他性质。此例再次说明隐喻已经根植于人们的概念系统中，成为我们赖以生存的文化资源。在概念隐喻的几种类型中，结构隐喻更有利于扩展概念、突出特点、丰富意义。

二　后期分类：基本隐喻和复杂隐喻

经由概念隐喻的内涵发展和早期分类的探索与实践，莱考夫形成了更加明晰的隐喻跨域映射图式，在1999年与约翰逊再度合著的《亲身哲学：亲身心智及其向西方思想的挑战》中，基于格雷迪（Joseph Grady）的观点，[①] 对于概念隐喻的分类进一步修正和完善，

---

① Joseph Grady, *Foundations of Meaning: Primary Metaphors and Primary Scenes*, University of California, Ph. D. dissertation, UC Berkeley, 1997.

弥补了早期分类在不同的类别范畴上存在内容相互重合、类别等级模糊等缺陷，将概念隐喻重新划分为基本隐喻和复杂隐喻，更加成熟地解释和说明了概念隐喻的习得过程和推理机制。后期具有系统性特征的分类方式为莱考夫概念隐喻辐射状范畴化研究提供了深入推演的科学支撑。

（一）基本隐喻

结合概念隐喻的映射思考，莱考夫整合了基本隐喻的总体原理，包括学习过程合并理论（提出者：克里斯多夫·约翰逊）、基本隐喻理论（提出者：格雷迪）、神经隐喻理论（提出者：纳拉亚南）、概念整合理论（提出者：福柯尼耶和特纳）。① 根据克里斯多夫·约翰逊的假设，学习过程合并理论主张感觉运动经验和主观经验在幼儿时期会本能地发生无区别合并，交互作用域之间会自觉建立关联，这属于第一合并阶段；到了区分期以后幼儿才会将两种域区分开，即隐喻的来源和目标，但持续的跨域联接即概念隐喻的映射会一直存在，这属于第二区分阶段。② 格雷迪的基本隐喻理论受到学习过程合并理论的影响，认为基本隐喻和复杂隐喻的关系应是部分与整体的关系，以原子组成分子的结构形象说明。③ 日常经验通过早期主观经验判断和感觉运动经验判断自觉合并，引发并自动生成若干基本隐喻，基本隐喻通过常规的概念整合成复杂隐喻，人们在大脑中由激活基本隐喻映射的复杂联接产生了交互作用，构成

---

① ［美］乔治·莱考夫、马克·约翰逊：《肉身哲学：亲身心智及其向西方思想的挑战》，李葆嘉等译，世界图书出版公司2018年版，第45—46页。

② Christopher Johnson, "The Acquisition of the 'What's X Doing Y?' Construction", in Elizabeth Hughes, Mary Hughes, and Annabel Greenhill eds., *Proceeding of the Twenty-First Annual Boston University Conference on Language Development*, Somerville, Mass: Cascadilla Press, 1997.

③ Joseph Grady, Taub Sarah, and Morgan Pamela, "Primitive and Compound Metaphors", in Goldberg A. ed. *Conceptual Structure, Discourse and Language*, Stanford: CSLU/Cambridge, 1996.

复杂结构的隐喻映射，通过若干经验的整合积累，形成了持久的复杂隐喻。

神经隐喻理论试图从神经科学结构的角度解读隐喻的生成，认为隐喻映射的关联即在人脑中激发了跨神经网络的永久性神经联结，进而引发定义概念域，这些关联所形成的生理结构支撑了隐喻蕴涵中喻源域到目标域的激活载体。① 莱考夫对这一理论尤为认同，以此为理论基础进一步假设和阐释了隐喻在概念系统中神经激活的具体过程，例如，神经元束 A 通过隐喻引起神经元束 B 的激活，A 的激活只是字面义的蕴涵，而经过隐喻联结 B，则构成了隐喻蕴含的全过程，B 的激活就是隐喻义的蕴涵。莱考夫提出隐喻的亲身性特点，认为隐喻的喻源域和目标域的关联来自人们的亲身功能，并在身体上通过神经联结而实现，隐喻的喻源域与感觉运动系统密切相关。这些都为概念隐喻思想的理念发展提供了神经科学视角的依据，为证实认知无意识、亲身心智的理性分析提供了重要参考。概念整合理论强调了不同概念域的跨域联结可共同激活并形成新的推理，概念整合可以是常规的，也可以是原创的，通过多个基本隐喻的复杂整合形成新的结构，产生新的隐喻机制和效果。②

莱考夫认为这四种理论结合在一起，对概念隐喻研究发挥了重要影响，基本隐喻具有必然性，在人的感觉运动域和主观经验域被共同激活后，永久性神经联结会通过神经突触权重的变化而建立，基本隐喻是认识无意识的一部分，这会产生更加大量的神经联结关系，使得活化的隐喻喻源域和目标域之间映射更频繁，反复激活增强神经突触权重，从而形成更加永久的神经联结。这些为解释人们

---

① Srini Narayanan, *Embodiment in Language Understanding: Sensory-Motor Representations for Metaphoric Reasoning About Event Descriptions*, University of California, 1997.

② Mark Turner and Gilles Fauconnier, "Conceptual Integration and Formal Expression", *Metaphor and Symblic Activity*, Vol. 10, 1995, pp. 183–203.

为什么自动而无意识地获得并使用隐喻，解释隐喻存在的广泛性和普遍性提供了基本证据。

（二）复杂隐喻

由大量的复合性基本隐喻组成的具有稳定性、复杂性的隐喻即为复杂隐喻。复杂隐喻是在结构和义涵上相较于基本隐喻的，它建立在基本隐喻之上，并融合了普通知识的内容和形式。① 莱考夫所指的普通知识包括文化模式、民俗说法或是文化中广泛接受的简单知识或信念。② 他以"有目标的人生即旅行"为例解构了复杂隐喻的结构层次，逐层分析其子隐喻的组成和意义，阐述了复杂隐喻推论中包含着文化信念、基本隐喻和日常事实，通过隐喻的蕴含条件和映射中的线性连续型逻辑关系来完成隐喻的过程。"有目标的人生即旅行"包括四个子隐喻：需要设想实现人生目标的手段；应该努力预见人生中遇到的困难；为追求目标需要做好准备；需要有完整的计划和打算。复杂隐喻的内在逻辑并非线性顺序的，而是神经联结的复杂激活和计算。复杂隐喻已经超越了一般概念，它们对物质文化产生了深刻影响，犹如"有目标的人生即旅行"便蕴含了"生命的过程"等深刻的文化意义。因此，复杂隐喻为更复杂的隐喻生成提供了基础条件。

复杂隐喻的重要性主要体现在推理、生成新颖的隐喻、组成隐喻习语和多重隐喻的理解等方面。概念隐喻最重要的功能就是理解功能，在理解的基础上可用于推理。例如"爱情即旅行"，我们将"旅行"的知识情境和感受通过推理结构映射到"爱情"，使人们自然地接受并常常采用这种方式表达爱情的过程和感受。复杂隐喻

---

① Joseph Grady, "Theories are Buildings Revisited", *Contrastive Linguistics*, Vol. 8, No. 4, 1997, pp. 267–290.
② ［美］乔治·莱考夫、马克·约翰逊：《肉身哲学：亲身心智及其向西方思想的挑战》，李葆嘉等译，世界图书出版公司2018年版，第60页。

推理过程激起了日常概念的隐喻活跃性，使人们系统地运用它们，无意识地自觉地理解已有隐喻延展后所形成的新的意涵。这更是生成了新颖隐喻的证据，在我们的概念系统中具有认知现实性的概念映射，产生新概念的过程就是该映射合理延展的过程，人们便会自然而然地理解和形成概念化，复杂隐喻实现了在同一映射上产生新例证的事实。在"爱情即旅行"这样的复杂隐喻中，其语言表达形式大多是以习语呈现出来的。习语在传统语言学中被看作任意的词语序列，而在概念隐喻中，是人们的常规心智意象通过隐喻映射的激发而形成的，被莱考夫定义为"隐喻习语"。每个隐喻习语都伴随常规心智意象及其知识，常规性的隐喻映射将喻源域知识映射于目标域知识。① 隐喻习语具有重要的哲学意义，表现在它揭示了意义的重要性，说明了人们的心智意象大多没有差异，强调了常规意象及相关知识在人类文化知识中的重要性，揭示了跨语言词汇中的重要差异可能与常规意象的差异密切相关。更重要的是，隐喻习语展示了整体意义和部分意义之间关系的复杂性，部分意义的简单整合并不等于整体意义。隐喻习语不但体现了与隐喻映射有关的意义，更体现了与意象及其知识有关的意义。复杂隐喻还表现在隐喻的多元性，对单个隐喻的多重隐喻的理解。抽象概念的构成常常包含多个常规隐喻，在哲学上隐喻多元性是常规的，人们最重要的抽象哲学概念，包括时间、因果、道德、心智，都是有多重隐喻概念化的。②

莱考夫对基本隐喻和复杂隐喻的归纳与论述体现出他对概念隐喻研究的进一步深入思考，相较于方位隐喻、本体隐喻、结构隐喻

---

① ［美］乔治·莱考夫、马克·约翰逊：《肉身哲学：亲身心智及其向西方思想的挑战》，李葆嘉等译，世界图书出版公司2018年版，第68页。
② ［美］乔治·莱考夫、马克·约翰逊：《肉身哲学：亲身心智及其向西方思想的挑战》，李葆嘉等译，世界图书出版公司2018年版，第70—71页。

的分类方式，基本隐喻和复杂隐喻能够更好地解释说明语言与思维形成的复杂中介机制，以隐喻映射为逻辑起点的概念隐喻思想正朝着科学层面和哲学层面不断迈进，为认知无意识、心智亲身性和隐喻性思维的经典论证奠定了坚实基础。

第三章 概念隐喻的范畴重构

在莱考夫概念隐喻理论的科学性建构中，范畴研究是成果最为丰富成熟、最具影响力的，在概念隐喻思想的理论延伸及哲学探讨中具有举足轻重的地位。其重要性体现在它是人们日常生活中感知事物、判断类别、形成概念的基础，它是语言学、哲学、心理学、认知科学等研究的重要理论内容。经典范畴理论坚持认为范畴是客观存在的、固定不变的、僵化的，并且与人的主观意识无关。莱考夫则认为，范畴及其范畴化过程是与人的亲身经验紧密相连的，并呈现出动态特性。这一观点打破了传统范畴理论中范畴的客观性和固定性的限制，使得范畴研究变得边界模糊和灵活。范畴建构理论作为概念隐喻的关键组成部分，透彻地揭示了辐射状范畴的结构特征，详细剖析了人们在范畴化过程中的操作准则、语言构建机制以及认知模式等要素。这些深刻的见解主要体现在其著作《女人、火与危险事物：范畴显示的心智》中，同时也进一步强调了范畴建构理论在挑战客观主义基础、哲学预设以及开辟经验实在主义道路的哲学意义。

第一节 隐喻范畴重构的理论基础

两千多年来，人们一直都是根据事物之间共有的特性来确定范畴，这已成为毋庸置疑的观念，这是人类对事物划分方法的初步探索和一定程度的经验总结。这些经验与智慧来自先哲们对世界认知的主观思考和理性概况，形成了经典范畴理论和一度被看作具有普适性的范畴观念。从亚里士多德时代以共同特性或固有特性为核心的根深蒂固的范畴界定，到维特根斯坦（Wittgenstein）时期家族相似性的范畴观改变，逐渐形成语言学、人类学、哲学等多领域范畴建构的探索，再到罗施（E. Rosch）核型理论的建立，这些都为莱考夫对经典范畴理论的批判和概念隐喻范畴的重构奠定了坚实的理论基础。

一 经典范畴理论及其谬误

经典范畴理论以亚里士多德为代表，认为事物的共同特性和固有特性是范畴自然的划分方式，这种特性是独立于人们而客观存在的。范畴客观、先验地存在于世界之中，并与外部世界的原子结构相对应，而意义通过与世界原子结构的符合而获得。[①] 形象地说，范畴类似抽象的容器，事物因内在属性不同，或属于容器内或属于容器外，具有共性特征则属于同一范畴，缺少或不符合这一特征则不在此范畴。因此，范畴被这样的充分必要条件所界定。经典范畴理论的核心是由本质来定义的，可将世界看作由纯粹的实体构成，

---

① 鲁艺杰：《范畴的建构——莱考夫涉身隐喻意义理论的认知基础》，《学术交流》2016年第3期。

将这些实体具有的本质属性归类即范畴化的过程。这种经典理论是以先验的思辨为依据得来的哲学主张，并无实证研究的结果，但几千年来被人们所认同，至今大多数学科进行范畴化的方式仍以经典范畴理论为基础，如字典词典编纂中对概念意义解读的范畴化方式。

近年来，随着知识的迅速激增、科学技术的飞速发展，人们对自身认知逐渐关注，发现越来越多的认知现象无法使用经典范畴理论进行合理解释，范畴化问题已从理所当然的理论界定走向被严肃质疑和深入探究的研究领域。许多学科通过开展实证研究来探索人类范畴化的机理过程，尤其在认知心理学中范畴化问题已成为至关重要的研究主题。代表性成果20世纪70年代罗施核型理论的提出，开拓性地对范畴研究进行了一种全新的界定。罗施对经典范畴理论的质疑聚焦于两项隐含意义之上，一是如果只是根据所有成员都具有的共同特性来界定范畴，那么属于这一范畴的成员中，便没有某个成员是代表该范畴的典型样本；二是如果只是根据成员内在的固有特性来界定范畴，那么范畴将不依赖于进行范畴化的人们的独特性。[①] 这些都意味着范畴与人们特有的各种能力无关。但罗施的研究表明，在范畴化过程中人们的神经感知、观察思维、学习记忆、沟通表达、组织管理等各种特有能力都发挥了有效作用。一系列相关成果在认知科学界引起了人们对其极大的关注，经典范畴理论的谬误与不足愈加暴露。

经典范畴理论的主要破绽在于以下几方面：首先，以具有共同特性界定范畴的明显界限被固化，认为范畴是一种固定的集合，有着不可挑战的标准来决定成员的范畴归属，后来被家族相似性范畴

---

① [美]乔治·莱考夫：《女人、火与危险事物：范畴显示的心智》，李葆嘉等译，世界图书出版公司2016年版，第7页。

观所反驳。其次，范畴与范畴化的离身性，认为范畴化是先验的、客观存在的，脱离人的头脑、身体，与想象、思维无关，后来被概念和范畴具有亲身性的观点所反驳。再次，范畴由平等的元素构成，具有非中心性，认为组成范畴的成员之间没有等级划分，不存在典型成员的意义，后来被核型理论所反驳。最后，复杂范畴只是简单范畴的机械相加，忽略了范畴结构的复杂性，后来被辐射状范畴观点所反驳。根据经典范畴理论，理性只能被看作与形式演绎逻辑模式大致相同的抽象符号的机械运作，由于符号本身没有意义，则理性也不可能凭借指称事物而被赋予意义，如此理解理性将产生严重的认识性谬误，"心智如同计算机"这一隐喻正是源于此。

二 冲破桎梏的多领域范畴建构

从20世纪50年代到70年代，范畴化问题经历了时间不长却十分重要的研究历程，跨越语言学、人类学、神经生理学、哲学等多学科领域，在范畴的本质、特征、成员间的关系，范畴化的过程、形式、层级、意义等多方面产生了新的研究成果，呈现出多领域范畴建构的研究景观。

（一）范畴的家族相似性和中心性

维特根斯坦是被公认为第一个指出经典范畴理论主要破绽的代表性学者，他提出以"家族相似性"（family resemblance）界定范畴的理念彻底打破了经典范畴理论具有共同特性界定的明显界限。[①]家族相似性观点主张范畴中的成员是相互联系的，例如相同的构造、相同的表面特征、相同的颜色、相同的气质等，各成员彼此相似但不尽相同，不一定所有成员都具有共同特性。他以"游戏"

---

① Ludwig Wittgenstein, *Philosophical Investigations*, New York: Macmillan, 1953, pp. 66 – 71.

(game)为例，列举了具有和不具有竞争特点、技巧需求、娱乐目的、相同形式等多种特征的各种游戏，就像一个家族中的众多不同成员，因家族相似性相互共处，以各不相同的方式彼此关联，使得"游戏"成为一个范畴，但此范畴的形成是因为一个界定明确的共性特征的群集，而不是单一的某个特性。维特根斯坦认为，范畴没有确定的边界且具有灵活的扩展性，人为设置的边界和扩展的边界都是可能的。例如"电动游戏"和"网络游戏"的出现即是对"游戏"范畴边界大规模扩展的最好例证。维特根斯坦以"数"范畴和"多面体"范畴为例，讨论了数学领域中人们精确概念化的结果也阻止不了"数"和"多面体"范畴的扩展，因为人们总会根据不同目的对概念进行延伸或衍生。维特根斯坦还关注到范畴的中心性（centrality）特点，认为范畴中的某些成员与该范畴中的其他成员相比更具典型性。例如，"整数"即作为"数"范畴的中心成员，有着"无理数""复数""无穷数"等所没有的重要地位，但凡有关"数"的精确界定都必须包括"整数"，其他类型的"数"则不然。

（二）范畴的多义性

哲学家奥斯汀（J. L. Austin）进一步将维特根斯坦"家族相似性"范畴思想扩展到对词语本身的研究上，提出了某一词语的多重意义之间存在联系的观点，形成了当代一词多义观，成为词典学和历史语义学早期观点的结晶。这便衍生出范畴的多义性（polysemy），即词语的各种相关意义组成各自范畴，词语的多种意义之间具有家族相似性特点。一个词语的多种意义构成独立的一个范畴，它们并不一定具有一个共同特性，但它们在一定方面存在相互联系，由于部分意义相似，它们形成了单独范畴，这正是一个词语可以表达不同特定意义的原因。奥斯汀以形容词"健康的"为例，在"健康的身体""健康的肤色""健康的锻炼""健康的饮食"等所组成的一个范畴中，"健康的"原核（primary nuclear）意义是指健康的身体，而其他的意义都作为一部分包含在其中。在这一范畴中，各成员是以"健康的"一词为核心彼此相关，"健康的身体"是该范畴的中心成员，其他成员均是引申义。① 这种原核意义与当代语言学家所称的"中心意义""核型意义"是同一含义。奥斯汀原核意义中"部分与整体包含关系"的观点与莱考夫转喻研究中"部分代表整体"的观点是一致的。奥斯汀的观点可被理解为以心理内涵进行范畴化，他指出人的实际心理基础能够把词语的多种意义联系起来，建立这种机制并非某个精明的分析家随意思考的结果。在认识一个范畴的整体结构中，人们的认知模式不是仅由各部分混合组成，也不是基于共有特征，而是建立在核心意义的组织结构上，其他成员作为其中一部分。具有核心意义的组织结构才是界定范畴的依据，认知模式所表现出的具有该特征的事物就是此范畴的成员。这使得奥斯汀不断探寻传统哲学观中人类语言和心智研究存在的问题与不足，可以说在一定程度上他从语言学角度对核心理论的内涵进行了拓展。

（三）范畴的成员梯度性和边界模糊性

作为对标准集合论的概括，扎德（L. Zadeh）针对界限模糊的范畴进行专门研究，提出了模糊集合理论。② 相较于范畴成员资格的中心性就存在梯度性（gradience），至少有一些范畴的内部成员之间具有梯度差异性，但是梯度之间没有明显界限。扎德举例将"美国参议员"范畴与"高个子"或"富人"范畴相比，前者范畴的定义界限明显，其范畴成员是或者不是其中之一并不模糊，后者这样的范畴则存在明显的梯度差异，既不高也不矮，或既不富

---

① John Austin, *Philosophical Papers*, Oxford: Oxford University Press, 1961, pp. 71.
② Lotfi Zadeh, "Fuzzy Sets", *Information and Control*, Vol. 8, 1965, pp. 53 – 338.

也不穷的那些范畴成员是可能存在的。因此，扎德的模糊集合理论也称作梯度差异范畴理论。可用模糊集合运算来描述模糊集合论的最早表示，其中还产生了"交集""并集""集合的余"等其他定义。扎德的理论贡献表现在推翻了经典范畴理论中范畴成员或属边界内或属边界外的严格边界性，提出了范畴界限模糊的可能性。

（四）范畴的衍生性

朗斯伯利（F. Lounsbury）通过对美国印第安亲属成为系统的范畴分析，提出了范畴的衍生性（generativity），以特殊成员或子范畴为衍生者，加上一定规则的界定形成范畴，该衍生者处于范畴中的"原核"成员或"中心"成员。这意味着一个范畴可以通过具有能产力的成员与其他成员之间建立特殊联系，这个范畴则是一个具有能产力的范畴。朗斯伯利发现，某个焦点成员（focal member）通过一系列规则扩展到非焦点成员，形成一个范畴，这些一般规则还可以在范畴与范畴之间使用。朗斯伯利将这种规则称为"奥马哈类型"（Omaha type），主要包括：偏移规则（skewing rule）、合并规则（merging rule）和半胞规则（half-sibling rule）。① 这些规则都要求必须存在一个参照点，作为与被称呼的那个人之间的中间亲属。这些范畴不仅涉及命名问题，同时作为继承次序和社会职责分配的范畴界限依据。朗斯伯利亲属范畴衍生现象的分析使得认知人类学（cognitive anthropology）对核型理论的发展产生了重要影响。

（五）范畴的亲身性

柏林（B. Berlin）和凯伊（P. Kay）对色彩范畴进行了研究，

---

① Floyd Lounsbury, "A Formal Account of the Crow-and Omaha-Type Kinship Terminologies", in Ward H. Goodenough ed., *Explorations in Cultural Anthropology*, New York: McGraw-Hill, 1964, pp. 351–393.

证明了"基本色彩词"的存在，并探讨了不同语言中基本色彩词的等级体系排列。他们发现了焦点色（focal color）的重要性，焦点色的存在证明了色彩范畴并不统一，在范畴中存在中心成员。虽然不同语言的人们对色彩范围之间的界定不尽相同，但使其在标准图谱中指出基本色彩词的范例时，便表现出基本相同的规律。这同样从认知人类学视角对核型理论作出进一步贡献。同时，柏林和凯伊对色彩的考察和论证证明了身体经验不仅影响着人们对颜色的感知，也影响了人们对颜色的命名，也就是说不仅色彩范畴具有体验性，同时用于表达色彩范畴的语言也反映出体验性。[①]

凯伊和麦克丹尼尔（McDaniel）提出，基本色彩范畴是神经生理和认知方面的各种实际作用的产物，可以不同程度地由模糊集合的交集和并集作为其模型。[②] 目前，这似乎是我们关于基本色彩范畴实际情况为何如此的唯一可行解释。凯伊和麦克丹尼尔的理论认为，色彩并不是客观的、独立于人类或世界万物的纯粹感觉，它是依赖于人的身体基础而概念化的产物，焦点色及色彩范畴的形成与划分是由人类的生物性决定的。色彩范畴是世界本质、人类生物性、人类认知机制共同作用的结果，这种认知机制具有模糊集合理论的特点，并且附带有人们所处某一文化独特性的选择。在迥异的文化中，认知机制的多个参数呈现不同的价值。[③] 这些进一步说明了范畴的亲身性（embodiment）特点，包括概念的亲身性和功能的亲身性，也就是某些范畴的特性作为人类生物的特有本能具有身体基础，是人们与物理环境和社会环境相互作用的经验成果，某些概

---

① Brent Berlin and Paul Kay, *Basic Color Terms: Their Universality and Evolution*, Berkeley: University of California Press, 1969, pp221-254.

② Paul Kay and Chad K. McDaniel, "The Linguistic Significance of the Meanings of Basic Color Terms", *Language*, 1978.

③ ［美］乔治·莱考夫：《女人、火与危险事物：范畴显示的心智》，李葆嘉等译，世界图书出版公司2016年版，第31—32页。

念不仅可以通过心智来理解，而且可以自动地、无意识地作为正常功能活动的一部分，无需通过特别能力来运作。

（六）范畴的基本层次

布朗（R. Brown）最先提出基本层次范畴的相关研究，他认为在范畴等级系统中存在一个称呼在范畴化的特定层次上具有优势地位。他所认为的"第一层次"可从儿童的语言发展过程来分析，人们最初对事物进行范畴化是从特殊活动层次开始的，这一层次既不是最一般的层次，也不是最特殊的层次，布朗称之为范畴化的"基本层次"[1]。在范畴的分类层级系统中，基本层次处于中心层次，这些范畴是首先被学习的对象，然后人们通过想象进一步认知，向上进行概括、塑造上位范畴（即一般范畴），向下逐个举例、塑造下位范畴（即特殊范畴）。基本层次具有这样的特征，它既是伴有特殊活动的层次，又是最早的认知层次和事物最初命名的层次，也是范畴化的天然层次，处于这一层次的名称最短，而且使用最频。

在布朗之后，对基本层次范畴研究起着重要推动作用的是柏林（BerLin）及其同事。柏林的研究是心智范畴与世界范畴相吻合的传统哲学观。他认为，基本层次的范畴化依赖于人类的心理经验，包括格式塔感知（整体形状感知）、心理意象、肌动运动、社会功能，以及记忆力。范畴化的基础与人类心理机制密切相关，人们自如地感知、思考、学习、理解、记忆及运用正是通过这种机制的运作。范畴化层次是以人的身体基础为基础的，并非与人类无关的客观存在。柏林的研究成果具有特殊的哲学价值，研究得出结论，基于周围环境相互作用产生的人类范畴化，在基本层次方面非常准确，基本层次的相互作用是认知结构和世界真相之间的决定性环

---

[1] Roger Brown, *Social Psychology*, New York: Free Press, 1965, pp. 321.

节。基本层次的相互作用可以为心智和语言哲学建构认识论基础，这点与核型理论的成果完全一致。①

埃克曼（P. Ekman）基于对幸福、悲伤、愤怒、恐惧、惊讶和感兴趣等普遍的基本人类情感在面部表情和自主神经系统方面相互关联的研究，证实了各种情感概念具有身体基础，并进一步说明了基本层次的首要性特点。② 也就是说，根据格式塔感知、心理意向、肌动活动、知识组织、认知过程（包括学习、认识、记忆等）的轻松度，以及语言表达的轻松度，处于基本层次的范畴无论在功能意义还是认知意义上都具有首要性。

三 核型理论的建立

可以肯定地说，罗施的核型理论③对莱考夫亲身隐喻的范畴观，产生了最为直接也是最大的影响。由于罗施的范畴化研究，范畴才正式进入了认知心理学的研究领域，她以压倒性优势的大量实证研究结果向经典范畴理论发起了挑战，其理论贡献非凡，被认知心理学家公认为是对实验心理学领域中范畴化研究的革命。罗施的工作主要是扩展了柏林和凯伊的对色彩词进行研究的核型效应（prototype effect），概括了布朗观察结果和柏林研究结果的基本层次效应。基于焦点色的研究成果，罗施的研究主要围绕认知参照点和核型展开，这些都是具有子范畴或具有特殊认知地位的范畴成员的"范

---

① ［美］乔治·莱考夫：《女人、火与危险事物：范畴显示的心智》，李葆嘉等译，世界图书出版公司 2016 年版，第 40—41 页。

② Paul Ekman, "Universals and Cultural Differences in Facial Expressions of Emotions", in James K. Cole. ed., *Nebraska Symposium on Motivation series*, Lincoln: University of Nebraska Press, 1971, pp. 207 – 282.

③ Eleanor Rosch, Carol Simpson and R. Scott Miller, "Structural Bases of Typically Effects", *Journal of Experimental Psychology: Human Perception and Performance*, Vol. 2, 1976, pp. 491 – 502.

例",她并未局限于色彩范畴,而是将研究成果扩展到物理客体范畴等其他范畴。罗施对核型效应进行研究时发现,范畴成员之间存在不对称现象,并且范畴中存在不对称结构,即范畴中的一些成员总能比其他成员更具代表性。例如,知更鸟、麻雀就比老鹰、鸵鸟、小鸡、企鹅等更有"鸟"的代表性,更适合作为"鸟"范畴的典型代表。这些最具代表性的范畴成员因而被称为"核型成员"。罗施的基本层次范畴理论认为基本层次的形成依赖于人类最基本的感知能力,是人类与自然和文化环境交互作用的产物。此理论的一系列特征都表明基本层次范畴是人类与其所处环境相互作用最强的范畴,反映了身体体验的重要性。[1] 以语言学上典型的基本层次范畴为例,罗施认为,词的意义是不能完全用一组语义特征来说明的,词或概念是以最佳实例的形式——典型,储存在人的头脑中的。[2]

罗施的范畴化研究经历了三个阶段:第一阶段从20世纪60年代末至70年代初,罗施以"感知凸显性""可记忆性"和"刺激物泛化性"为假定核型,主要针对色彩、形状和情感进行研究;第二阶段从70年代初至70年代中期,罗施基于信息加工心理学的相关假设,证明具有实际作用效应的范畴所展现出的结构特征,与这些范畴在心智中的表征是一致的,核型即可以构成心理表征;[3] 第三阶段从70年代中期至70年代末期,罗施认为前两阶段实证结果做出的解释在观点上具有狭隘性,她放弃了早期的结论,认为那些效应与心理表征之间并没有一一对应关系,同时强调不应对核型效

---

[1] Eleanor Rosch, "Cognitive Reference Points", *Cognitive Psychology*, Vol. 7, 1975, pp. 532 – 547.

[2] Eleanor Rosch, "Principles of Categorization" in E. Rosch & Barbara B. Lloyd eds., *Cognition & Categorization*, Hillsdale/N. J., N. Y.: Lawrence Erlbaum, 1978.

[3] Eleanor Rosch, "Cognitive Representations Semantic Categories", *Journal of Experimental Psychology*, Vol. 104, 1975, pp. 192 – 233.

应的解释过分简单化。①

在认知模式方法出现之前,核型理论研究的基本成果可概况为:第一,一部分范畴具有内在的成员梯度性,具有模糊的边界和隶属程度。比如"蓝色"或"富人"有不同等级、不同程度之分。第二,一部分范畴有明晰的边界,范畴成员中存在"核型成员"或"中心成员",他们总比其他成员更具代表性,范畴的边界之内存在等级划分的核型效应。第三,范畴具有基本层次,这个基本层次处于"中间"层级,与各种心理条件(如整体性感知、肌动活动、心理意向等)的相互作用相关,也与学习、记忆、运用的轻松度相关。知识主要是在基本层次上围绕"部分—整体"的划分而组织起来的。第四,基本层次有赖于人们感知事物的格式塔结构,以及关于部分与整体如何联系的功能的对应知识。第五,范畴是由具有相互对比的要素组织而成的体系。第六,范畴是具有身体基础和身体经验的,并不是纯粹客观"存在于世"的,它大多是由外部世界、人类生物、人类心智、文化环境等共同决定和形成的。范畴的基本层次结构与人的感知、想象机制、肌动活动是分不开的。第七,范畴具有人类与自然环境和文化环境相互作用的明显特性,这种相互作用特性所形成的核型群集可以精准地描述范畴的核型成员,这些群集作为一个整体起到格式塔作用。第八,核型效应所反映出的范畴不对称结构可能是具有多种来源的表面现象。

研究范畴化的认知模式方法是为了了解核型效应的种类及其来源,合理解释物理对象范畴化和抽象概念(如语言、情感、社会关系、空间联系等)范畴化。因而在概念隐喻范畴的研究中,莱考夫以核型理论为基点,对认知模式性质进行了进一步理论与实践的探

---

① Carolyn B. Mervis and Eleanor Rosch, "Categorization of Nature Objects", *Annual Review of Psychology*, Vol. 32, 1981, pp. 89 – 115.

索，为核型理论提供了更合适的理论支撑和哲学基础。

第二节　经验主义下的范畴重构

范畴研究是莱考夫作为概念隐喻思想中最重要的内容，被推向认知模式方法的理论研究高点。莱考夫汲取了核型理论等一系列范畴研究的最新成果，继续修正范畴化的经典理论观点。基于概念隐喻的范畴有别于传统范畴，莱考夫认为范畴是动态的，而非客观的、固定的、僵化的，静止的，范畴与范畴化过程是与人有关的，是具有亲身性的，这使得传统范畴的客观性和固定性被消解，范畴研究也变得边界模糊化。莱考夫通过分析隐喻如何以想象机制建立起亲身性，将亲身性纳入了自己的范畴研究领域，使亲身性成为自己的哲学目标，从语言学家的视角思考了范畴、亲身性与概念隐喻之间的关系。因此，莱考夫以经验主义视角重构了人类范畴化模式，在提升认知科学总体精准水平的同时，开拓了概念隐喻思想的哲学进路。

一　范畴重构的经验主义基础

莱考夫认为，人类范畴的建构应具有身体基础的特性，是身体感觉系统、肌动活动与外部物理环境交互作用的主观判断。他的概念隐喻范畴观源自对经验主义的认识，包括认知的无意识性、心智的亲身性和思维的隐喻性。

（一）认知的无意识性

人们对于自然本质、认识论、心智哲学、道德观等基本哲学问题的思考以及对"自我"的追问，都需要经由概念系统来感受和理解，我们的日常本质就体现在这些概念系统中。对概念系统科学的研究即认知科学的主要任务。莱考夫基于隐喻性概念的研究开拓性地提出"认知无意识"观点,认为人们大部分思维是无意识的,是在认识的知觉层面之下操作的非常复杂的思维形式,这些无意识运作速度之快,以至于人的自身无法捕捉,难以进入自觉意识及其控制范围。了解人类意识是个十分复杂的难题,因为意识本身的构成复杂,它超出了人们对事物的单纯感知,超出了由大脑各中心提供直接经验的多重任务,超出了人们能够意识到的意识,及认知无意识提供的无法想象的广阔基础框架。

在认知科学中,"认知"用来表示可进行精确研究的心智操作或心智结构,视觉、听觉、触觉、嗅觉等加工过程属于认知,理解、记忆、注意、组织、运用等也属于认知,任何认知操作的神经模型同样属于认知。不管有意识还是无意识,这些涉及语言和思维层面的心智运作过程都需要以心智意象、情感和肌动活动等概念来理解,从语言学角度来看包括语言、意义、感知、概念系统、心理词库及无意识推理。人们的概念化过程和理性来自身体基础,认知无意识则是概念系统与推理无意识心智操作的最准确表述。① 莱考夫认为,自动认知操作和内隐知识的认知无意识具有复杂庞大的结构,位于自觉意识表层以下,人类总体意识思维的95%以上是无意识思维,人类所形成的概念框架中包含了知识、信念、道德等各类概念化结果,绝大多数处于无意识状态。无意识概念系统的功能像一只"隐形之手",塑造了我们经验所有方面的概念化,使我们不自觉地、自动地理解我们的经验模式,构成了我们无须思考的那些常识。我们通过对比"自我""本我""超我"等概念来体验、理解自身存在和进行价值观的自我比较,这一隐喻深植于我们的无意

---

① [美]乔治·莱考夫、马克·约翰逊:《肉身哲学:亲身心智及其向西方思想的挑战》,李葆嘉等译,世界图书出版公司2018年版,第11页。

识概念系统中，以至于我们需要特别的洞察与分析来揭示作为我们自身理性基石的"真实自我"是如何运作的。

哲学理论多是认知无意识的产物，隐喻在从认知无意识到概念系统的形成过程中起到了不容忽视的作用，这只"隐形之手"总是会用隐喻来界定人们无意识的自然本元，向来"凭直觉领悟"的哲学理论就是无意识隐喻。哲学家们从认知无意识中选取部分具有一致性的关于本体论的现存隐喻，从而提出了自然本元的主张。通过使用无意识的日常隐喻，哲学家们力图构建一个科学合理的隐喻性概念体系，并系统阐述这些概念体系的真实程度及其所蕴含的自然本元经验，因而，关于"真实"的概念探讨必须依赖于无意识隐喻。

(二) 心智的亲身性

正如概念隐喻工作机制中对于亲身心智神经机理的论述，人类具有感觉运动器官和大脑的精细结构，这些生物器官的基本构件使得我们可以感知、移动、操作、控制，形成思维和积累经验，例如对事物进行范畴化。根据认知无意识的特点，大部分范畴化的过程也是无意识的。莱考夫认为，不只是人类，但凡神经生物都会对事物加以分类，动物世界中每个层次的动物也同样如此，能依据传感器官、身体及控制物体的能力来区分食物、自身物种、可能的敌人等。人类已经进化到可以将事物进行高级范畴化的成熟阶段，这是我们生物体结构不可避免的结果，区分种类是人们亲身经验的自然体现，也是人类得以成为高级生物的重要特征。这些都是因为我们拥有身体和大脑，且二者不可割裂，人类的身体基础为范畴化过程提供了必要的感知前提，通过身体的感知体验与现实世界的交互作用产生大脑中的主观判断，使得人类范畴化的能力不断增强。因而，人类心智结构及其操作过程都是具有亲身性的。

莱考夫从神经学视角在概念层面构建了神经信息的分类过程。他认为人作为神经生物，大脑中拥有上千亿个神经元和百万亿个突触联结，通过突触联结集合稀松或密集的变化，神经束之间的激活、传感、整合、映射等过程形成了大脑的信息传递，每当一个神经束将不同的输入变成相同的输出时，便会产生神经上信息的"类"，范畴化过程随即形成。① 这类神经范畴化存在于人们的整个大脑中，一直到人们能够意识到范畴的最高层面。因而当我们看到房子，会将它们视为一类"房屋"，而不是互不相同的个体，对于树木、山川、河流也是一样。基于人们的五官、四肢及身体各部位稳定的工作方式，人们拥有拓扑脑图和定向感觉细胞的视觉系统，形成了人们特殊的空间概念化能力。基于人们自身的肌肉结构和运动能力，形成了人们因果关系概念系统的结构。这意味着人们独特的身体性质决定了其概念化和范畴化能力的发展潜质。不仅范畴化依赖于人类的身体机能，范畴的类型及其结构也取决于人类的身体机能，因为这需要通过概念系统进行认知无意识的处理。

（三）思维的隐喻性

范畴化是人类认知、思维的过程，在这一过程中隐喻成为必要的中介，因为范畴化必然包含概念化的过程，而概念都是隐喻性的。莱考夫概念隐喻思想的核心观点旨在阐释隐喻无处不在，概念系统本身是隐喻的，隐喻不仅涉及语言现象层面，更关涉人类的认知层面，是人们认知世界和自我的思维方式，因而思维也是隐喻性的。范畴研究中家族相似性、中心性、梯度性、衍生性等理论观点的提出和描述无不运用隐喻思维，范畴的类别和结构的生成也无不充满隐喻思想的表达，在人们包括专家学者进行思考和推理时，总会运用常见隐喻与转喻概念，隐喻作为一种不可缺少的认知资源寓于范畴形成的认知无意识之中，成为整个范畴概念系统的共享属

---

① ［美］乔治·莱考夫、马克·约翰逊：《肉身哲学：亲身心智及其向西方思想的挑战》，李葆嘉等译，世界图书出版公司 2018 版，第 17—18 页。

性。这些隐喻理所当然地贯穿于范畴理论建构的始终，在核心效应和基本层次效应的描述呈现和实践验证中发挥着比较、区分、分级、推演等不同程度的映射作用。运用隐喻思维实现范畴化过程对我们来说似乎是直觉的，主要是因为隐喻早已深深嵌入我们的认知无意识之中，某种范畴只要与人们日常归类方式的概念隐喻相协调，我们就会与之发生共鸣。因此，思维的隐喻性同样为莱考夫范畴的重构提供了必要的经验主义基础。

二 范畴化的亲身性与想象机制

人类进行范畴化的能力不仅是外在现实的反映，而且主要是由人类的身体与大脑，尤其是感觉运动系统塑造的。莱考夫通过对"色彩""基本层次"及"空间关系"三个概念的探讨，① 为"范畴化过程是怎样形成的""范畴是如何被人们认知的""人在范畴化过程中的角色"等问题的回答提供了不同以往的解释，充分体现了范畴化的亲身性和想象机制。

"色彩"是我们用以感知外部世界非常普遍而常见的现象概念。在传统认知观下，色彩是绝对客观的，承载着客观事物表面的重要特征，"存在于世"的多彩事物呈现给人们一个多彩的世界。认知科学并不赞同这种观点，认为色彩并不是纯粹客观的，而是人类身体与大脑的独特结构进化给世界创造了色彩，人类具有独特的视觉体验。色彩体验的重要组成部分包括反射光的波长，光照条件及身体条件，视网膜的可以吸收不同波长光线的色彩视锥细胞，还有视锥细胞连结到的复杂神经元回路。色彩的产生是由物体表面的反射性物理特性决定的，反射的不同频光线的相对百分比是一个常量，

---

① [美]乔治·莱考夫、马克·约翰逊：《肉身哲学：亲身心智及其向西方思想的挑战》，李葆嘉等译，世界图书出版公司2018年版，第21—36页。

而被物体反射的实际光波并不固定，这还有赖于不同的光线条件。色彩是人类对波长的感知，对色彩感受的稳定性源于人类大脑对光源变化的补偿能力，色彩与反射率并未一一对应，不同反射率可能被感知为相同颜色。光线本身并无色彩，只有当光线条件在某个合适范围内辐射到我们的视网膜，视锥细胞吸收了辐射并产生大脑神经元回路适当处理的电信号时，我们才能看到一定的色彩。因而，色彩是人类身体内部产生的定性体验，而不是来自物体表面反射性、能外在现实的一种内部表征。色彩概念及范畴化的过程和本身具有突出的亲身性和想象机制，它们是由光线条件、电磁辐射波长、色彩视锥细胞和神经加工共同构成并相互作用的结果。同时，色彩并非人类纯粹主观的臆想的自发创造，色彩概念是交互的，是由作为生物的人类与世界共同创造的，并非某种文化创造的。这种身心交互作用论被莱考夫定义为亲身实在主义①（embodied realism），既非纯粹客观，也非纯粹主观，而是体验的经验的交互性作用。

"基本层次"是莱考夫隐喻范畴重构中的重要概念。基本层次范畴是基于人类身体特性的，它在心智意象、整体性感知、肌动活动和知识结构等方面有别于其上层范畴和下层范畴，这是由人类的身体、大脑、心智多方面因素决定的。基本层次是单个心智意象能够表征整个范畴的最高层次，是范畴成员具有类似整体形状感知的最高层次，是人们使用相似的肌动动作与范畴成员进行交互作用的最高层次，人们的大部分知识是在基本层次上组织起来的。相较于基本层次的上层范畴和下层范畴，它更具优势，因而它们更早地被儿童命名和理解，在早期语言习得过程中容易被接受，它们是最短

---

① ［美］乔治·莱考夫、马克·约翰逊：《肉身哲学：亲身心智及其向西方思想的挑战》，李葆嘉等译，世界图书出版公司2018年版，第24页。

的基本词位，可以按主题最快地被识别。基本层次具有直接的哲学意义，表现在基本层次范畴与非基本层次范畴的划分是基于身体的，范畴的特性受到人类身体因素的影响，并非由独立于心智之外的实在直接决定，这打破了传统对本质研究的实在主义思想；构成基本层次范畴的特征是对物质生命与物体之间"部分—整体"结构关系的反应，① 这解释了生活于不同环境的不同种群具有不同的身体和大脑，基本层次因何成为人类与环境交互作用的最佳层次；本元实在主义之所以看似合理是因为其论述主要是在基本层次范畴上，如果将其观点放在其他层次范畴则并不成立；② 基本层次的特征解释了科学知识稳定性的重要一面，是人们稳定的知识来源，其延伸的技术能力可以使得人们对稳定知识进行无限扩展。总之，范畴来自人类身体能力的本性，是人类经验与外部物理世界交互作用的产物，是人们对基本层次范畴认识能力不断进化的体现。

"空间关系"是人类对空间理解的核心概念，它描绘了空间形式的样态，界定了空间推理的特征。空间关系是人们抽象概念化和范畴化的一个典型实例，因为这些关系并非直接对应于存在的实体，也并非人们肉眼可以直接捕捉到的实像。人们理解空间关系是通过物体的位置、地标等来感受物体的远近、大小、方位。我们常常无意识地使用空间关系概念，并通过知觉和概念系统强制实施，这些都依赖于我们大量自动的局部无意识的心智活动。空间关系是由若干基本空间关系构成的复合体，基本空间关系是由意象图式、轮廓和轨迹—界标结构组成的内部构造。莱考夫以"容器图式""来源—路径—目标图式""身体投射""其他意象图式与空间关系原

---

① Barbara Tversky and Kathleen Hemenway, "Object, Parts and Categories", *Journal of Experimental Psychology*, Vol. 113, 1984, pp. 169–193.

② Brent Berlin, Dennis E. Breedlove and Peter H. Raven, *Principle of Tzeltal Plant Classification*, New York: Academic Press, 1974.

理"对空间关系概念进行了深入剖析,充分展现了空间关系概念的亲身性。空间关系概念的亲身性具有不同方式,"前""后""左""右"等概念来自并依赖于身体各部分,经投射在人们的头脑中形成意象;"推""拉""支撑""平衡""驱使"等施力动作概念也是如此,通过对身体各部分的运用来理解施力的空间动态。我们通过这些亲身化的形式在头脑中映射为自身的空间图式,对空间关系概念的理解和推理使我们更好地适应外部环境,感受自身置于其中的位置。① 这种现象的亲身化和上面讨论过的以色彩为例的神经亲身化,充分呈现了人们范畴化的亲身性和想象机制。

三 莱考夫的隐喻范畴重构

经典范畴理论和莱考夫概念隐喻思维的范畴观都将范畴化视为人们理解经验的主要方法。尽管以罗施为代表的核型和基本层次范畴理论以压倒性优势的证据对经典范畴观造成了强烈的冲击,但经典范畴理论仍以其几千年来积淀下来的传统优势得到广泛认同,毕竟在人类认知世界的过程中,经典理论所发挥的作用是不可小觑的。莱考夫概念隐喻思想中对范畴的重构继承了经典观点中的正确内容,又修正了其中的失误之处,并以之解释新发现的现象,探讨了语言范畴化、辐射状范畴和认知模式下的范畴化,形成了新的范畴理论。

莱考夫认为,语言是最能表示人类认知活动特性的事物之一,为了了解人类一般范畴的划分思想和过程,首先理解自然语言中人类范畴化的情况显得十分必要。同时,语言的范畴结构和语言证据极为丰富,因此借助语言范畴化研究论证人类一般范畴结构本质可

---

① Shaun Gallagher, "Body Schema and Intentionality", in Jose Luis Bermudez, Anthony Maecel and Naomi Eilan eds., *The Body and the Self*, Cambridge, Mass: MIT Press, 1995, pp. 225-244.

以充分利用这些有利条件来实现。在传统语言学和语言哲学的假设中一直存在语言离身性的观点，认为语言是独立于一般认知能力之外的模块化系统，乔姆斯基（N. Chomsky）语言能力理论就是依据"语法独立于一般认知能力之外而存在"的基本假设。莱考夫反驳了这种观点，认为语言范畴与人们概念系统中的其他范畴同属于一种类型，表现出核型效应和基本层次效应，比如语言学中各种范畴之中的不对称性和一些范例逐渐发生变异的现象。他以英语语言中表现突出的"标记"（markedness）现象为例，充分证明了范畴中的某种不对称结构，例如单数和复数的"数"范畴中二者因有无标记而呈现出的不对称，单数词语相较于复数词语，因无词尾变化标记形式更为简单；再如音系学中清辅音和浊辅音的数量也显示出不对称现象，人们把声带振动理解为加在清辅音上形成浊辅音的标记；又如语义学中"高—矮""胖—瘦"等反义词，两个意义相对的词中一个可以用以表示模糊意义，另一个则表示准确意义，问某人有多高并不一定代表此人是个高个子，相反问某人有多矮则一定代表此人是个矮个子，"高"在这时表现出对比的模糊性，成为"高—矮"反义词中的无标记成员。这表明在认知范围上更基本层次的词可以常常出现在模糊语境和表达中。总之，这种"标记"的运用描述了一种核型效应，范畴中的一个成员或子范畴在某种情况下比其他成员或子范畴更处于基本层次，即范畴的不对称现象。莱考夫进一步阐述了语言学中在音位、形态、句法中的核型效应，在主语、施事和话题中的核型效应，以及在基本子句类型中的核型效应，运用语言实证来研究范畴化中运用的认知机制。[①]

莱考夫提出了核型效应的两个基本来源。一是通过理想认知模

---

① [美]乔治·莱考夫：《女人、火与危险事物：范畴显示的心智》，李葆嘉等译，世界图书出版公司2016年版，第63—70页。

式（idealized cognitive model，ICM）的结构方法来组织知识，生出核型效应。这一理想认知模型来自认知语言学领域，包括菲尔墨（Fillmore）框架语义学的命题结构，① 莱考夫和约翰逊（Lakoff & Johnson）隐喻映射和转喻映射，② 兰盖克（Langacker）认知语法中的意象图式结构，③ 以及福柯尼耶（Fauconnier）的心理空间理论④ 等。理想认知模式的背景条件与已有知识之间越不相符，人们就越不适宜使用某概念，如此便产生了范畴成员的梯度性，生成了核型效应。二是群集模式（cluster model）成为核型效应的重要来源。群集模式是许多认知模式构成的复杂群集，在心理意义上比个体模式更为基本。以"母亲"概念为例，从生育模式、遗传模式、养育模式、婚姻模式、家系模式等不同单个模式的角度对"母亲"概念进行界定，组成了复杂的群集模式。群集模式在一定范围内的衍生以及以"母亲"隐喻义为基础可以引申出更多不同意义的表达，产生核型效应。

在此基础上，莱考夫提出了辐射状结构范畴。再以"母亲"概念为例，"母亲"的类型可包括继母（stepmother）、养母（adoptive mother）、生母（birth mother）、正常母亲（natural mother）、托母（foster mother）、生物母亲（biological mother）、代孕母亲（surrogate mother）、未婚妈妈（unwed mother）、基因母亲（genetic mother）等，这些子范畴是从中心实例派生出的分支或变体，依据不同文化和通过习得了解，形成了辐射状范畴结构。其中以生育模式和养育

---

① Fillmore Charles, "Towards a Descriptive Framework for Spatial Deixis", in Jarvella R. J and Klein W. eds., *Speech*, *Place and Action*, London: John Wiley, 1982, pp. 31-59.

② [美]乔治·莱考夫、马克·约翰逊：《我们赖以生存的隐喻》，何文忠译，浙江大学出版社2015年版，第227—228页。

③ Ronald Langacker, *Foundations of Cognitive Grammar*, Sranford: Stanford University Press, 1986.

④ Gilles Fauconnier, *Mendtal Spaces*, Cambridge, Mass: MIT Press, 1985.

模式为认知模式的积聚形成了中心范畴，非中心的引申成员形成各种变体，但它们不是中心的子范畴的特例。这种辐射状范畴的扩展不是任意的，中心模式的引申机制是通过某些一般规则激发而成的。

为了更好地说明辐射状范畴的形成样态，莱考夫以澳大利亚迪尔巴尔语对世界万物的传统分类为例进行讨论，产生了关于"女人、火、危险事物"的经典范畴化实例，并以此为著作之名于1987年出版了《女人、火与危险事物：范畴显示的心智》一书，使概念隐喻范畴理论研究迅速成为语言学、哲学、认知科学等多学科领域的学术热点。迪尔巴尔人将事物进行范畴化，形成了巴依（bayi）、巴朗（balan）、巴兰（balam）、巴拉（bala）四种类别。狄克逊（Dixon）对其进行了深入研究得出结论，提出了四种基本心理图式：和男人、动物有关的属于巴依一类，和女人、水火、战斗有关的属于巴朗一类，非肉类食物属于巴兰一类，不属于前面各类的东西属于巴拉一类。莱考夫在狄克逊的研究成果基础上进行猜想与推测，认为是经验领域原则（domain-of-experience principle）、神话信仰原则（myth-and-belief principle）和重要特征原则（important-property principle）的作用使得人们如此认知事物，并产生这样的范畴划分结果。莱考夫进一步推测了迪尔巴尔人事物范畴化的基本情况：巴依代表男人（阳性），巴朗代表女人（阴性），巴兰代表可吃的植物，巴拉代表其他一切东西。

莱考夫进而总结了人类范畴化系统操作的一般原则，包括范畴基本成员具有中心性，复杂范畴具有链锁性（chaining）结构，可能存在具有文化特征的基本经验领域，存在有关世界的理想模式，专门知识超越普通知识，范畴大体上并不需要由共同特征来定义，以及范畴扩展的激发原则等。从心智范畴和词语范畴的认知研究中，莱考夫得出语言组构机制应包括中心成员和边缘成员、居于中心的基本层次的事物、通常的心理意象及有关知识、意象图式转换、用于心理意象的转喻、基于经验领域的转喻和隐喻。① 人们需要这些机制，至少从语言范畴来扩展对认知系统中其他范畴的认识。审视这些类别词系统及范畴化结果，反映出人类心智经验、想象和心智的生态性。丹尼（Denny）指出类别词具有身体的相互作用、功能的相互作用、社会的相互作用三种基本语义类型，有力地论证了身体相互作用的类别词区域与特定文化中的身体活动相关联。② 基本层次范畴化和概念系统正是依赖于人类的物质经验和文化经验，更加否定了经典观点中概念独立于人类经验而抽象地存在。心智在运用心理意象、图式转换、概念隐喻和转喻等方面的能力即心智的想象力。范畴中心成员的引申既不可预测也不可随意，而是伴随激发因素而生成，这表明了人类心智的生态性，即这是一个系统的并非封闭的整体结构。

莱考夫所重构的隐喻范畴及范畴化的特征可以通过四种认知模式来描述。一是命题模式（propositional model），阐述了范畴的要素、要素特征及要素之间的关系，我们大部分知识结构都属于命题模式；二是意象图式模式（image-schematic model），阐述了图式意象，如轨迹、形状或器物；三是隐喻模式（metaphoric model），一个领域中的命题或意象图式模式映射为另一领域中的一个相对应的结构；四是转喻模式（metonymic model），包括上述一种或多种类型的模式，还包括从某个模式一部分转到另一部分的功能。这些模式描绘了范畴的中心成员、总体范畴结构的特征和内部链锁中各环节的特征。由此，在新的认知模式下形成了不同于经典范畴理论的

---

① ［美］乔治·莱考夫：《女人、火与危险事物：范畴显示的心智》，李葆嘉等译，世界图书出版公司2016年版，第117页。
② Peter Denny, "What are Noun Classifiers Good For?", *Chicago Linguistic Society*, Chicago: Chicago Linguistic Society, 1976, pp. 32–122.

范畴观,这种由概念隐喻思想发展而来的范畴重构,为莱考夫的隐喻哲学思想提供了充分的理论资源与实践体验,具有重要的哲学意义。

四 隐喻范畴重构例证

作为语言学家,莱考夫从概念、词语、语法结构等方面,对前面所论述的隐喻与转喻、意象图式、辐射状范畴等现象及认知模式方法做出了进一步证实。其中较为经典的例证是关于"愤怒"①(anger)的,从"正义的义愤"(righteous indignation)到"愤慨"(wrath),到"冷冷的愤怒"(cold anger),不同程度和层级的"愤怒"形成了复杂的概念结构和丰富的范畴结构,研究本身具有很高的价值性。

"愤怒"通常作为情感的代表,被认为是缺乏概念内容的一种感觉,因而语义学和概念结构学习者并不太关注情感研究。对此,莱考夫持截然相反的观点,认为"愤怒"之类的情感是具有极其复杂概念结构的,可以通过概念隐喻及其范畴观进行深入的分析。人们表达愤怒时通常这样使用词语和句子,"他对我怒目而视""我因此大动肝火""她对孩子们破口大骂""我强压怒火""你这火暴性子""他气得大发雷霆"等,这些表达并不是随意的,而是有组织的。之所以它们与愤怒有关,是因为这些表达背后存在连贯的概念组织,并且这些概念组织基本上是隐喻和转喻的。从一般民俗理论上看,一种情感的生理反应就代表这种情感,这作为一条普遍的转喻原则产生了关于愤怒的转喻系统,表现为体温升高(怒火中烧、急性子)、体压升高(气得内出血、别发火)、脸颈涨红(气

---

① [美]乔治·莱考夫:《女人、火与危险事物:范畴显示的心智》,李葆嘉等译,世界图书出版公司2016年版,第388页。

得脸通红)、激动不安(气得直跺脚、心烦意乱)、干扰知觉(头昏眼花、突然发火)等。

这些人们的生理反应表明愤怒情感的出现,民俗理论关于愤怒的隐喻基础强调了温度的特点,"愤怒是温度"成为该隐喻。这一隐喻有两种理解,一是使用液体温度来表达,"愤怒是容器中液体的温度";二是使用固体温度来表达,"愤怒是火"。愤怒"液体说"隐喻的概念系统中包含着这样的一般性隐喻,"身体是装载情感的容器"(消消气)、"愤怒是容器中的液体温度"(冷静下来、气到极点、生闷气、怒气冲冲)、"冷却和平静等于没有怒气"(保持镇定、冷静)。具有衍生力的概念隐喻有两种方式,一是词汇方式,通过语言词语和固定表达,在不同程度给某特定概念隐喻加以编码,以表达极具衍生力的隐喻的各方面,语言中的词语和熟语可精巧构思为该概念的隐喻;二是将喻源域中的知识细节、特征、经验携带到目的域中这一过程称为隐喻蕴涵(metaphorical entailment),隐喻蕴涵作为概念系统的组成部分,构成了各种精巧构思的概念隐喻。例如,通过中心隐喻丰富的隐喻蕴涵,有关愤怒的隐喻意义继续衍生为"愤怒增加,液体上涌"(气得肚子鼓起来)、"高温产生蒸汽"(气得七窍生烟、惹恼),"强烈愤怒对容器产生压力"(勃然大怒、抑制怒气、忍不住、把怒气压在内心),"容器破裂即蕴涵人会气炸"(气炸了、勃然大怒、大发雷霆),"容器各部分飞到空中,仿佛身体各部分飞到空中"(头都气炸了、气得眼睛发直、气得用头撞墙、气得要把屋顶掀了),"物体爆炸而东西暴露,人气炸而体内东西暴露"(肺都气炸了、气得冒烟),"体内东西产生压力导致大声叫喊"(大喊大叫、发牛脾气)。① 随着愤怒变

---

① [美]乔治·莱考夫:《女人、火与危险事物:范畴显示的心智》,李葆嘉等译,世界图书出版公司2016年版,第395—398页。

得越来越强烈，人的生理反应不断增强，隐喻概念化所表达的状态越发激烈，辐射状范畴的层次增多。

愤怒反应的民俗理论也为关于愤怒的其他隐喻提供了基础，例如"愤怒即疯狂""疯狂的行为表示愤怒""无益的狂暴行为表示愤怒""愤怒是斗争的对手""愤怒是危险的动物""愤怒的行为即动物的异常行为""侵犯性言行表示愤怒""侵犯性视觉行为表示愤怒""愤怒的原因是身体的难受""愤怒的原因是被侵犯"等。也存在一些次要隐喻，比如"存在就是出现""情感是有边界的空间"等。

莱考夫使用的隐喻和转喻与愤怒的某一核型认知模式是交叠的，这样的模式具有时间维度，可以描述出阶段性情节，莱考夫称之为"核型情节"（prototypical scenario）。愤怒的核型情节可以分为五个阶段，即伤害事件—存在愤怒—试图控制—失去控制—报复行为。通过隐喻映射使核型情节的每一个阶段得以相互联系、连贯作用，来表述一个单个概念的特征。人的愤怒并不是一个独立实体，按照字面意义而存在，愤怒被理解成能够施加压力和控制人们的力量，是以身体控制和身体力量为依据的概念隐喻。愤怒的本体主要是由隐喻构成，其喻源域多是抽象概念和上位范畴，如实体、强度、极限、力量和控制等，其目标域多是信息丰富的与人类直接经验相关的基本层次概念和范畴，如火、热的液体、斗争、疯狂等。这意味着愤怒的大多数理解来自基本层次隐喻，基本层次隐喻为我们提供了使用熟悉的具有良好结构领域的知识来理解概念的条件，并可以依此概念做出相关推断，基本隐喻则为我们提供了概念的大部分本体。就愤怒范畴而言，由基本的愤怒和各种惯例性变体组成的范畴，是具有中心和各种扩展的辐射状范畴，这也再次证明了概念结构领域中的核型理论。

第三节　概念隐喻范畴重构的哲学意义

莱考夫概念隐喻的范畴观是针对传统范畴理论的重构，这一理论观点的呈现不仅是在范畴与范畴化研究上的理论进步，更是在哲学、认知科学、语言学、心理学等各学科领域的思想交叉与拓展。从哲学意义上讲，概念隐喻的范畴重构挑战了几千年来西方传统哲学中客观主义基础的哲学预设，直击客观主义形而上学与认知论的失误，开辟了经验实在主义进路，具有十分重要的哲学意蕴。

一　挑战客观主义基础哲学预设

客观主义作为西方主要哲学思想以世界观的形式深植于人们的文化之中，许多学科的概念框架通常具有客观主义哲学基础。传统哲学思想包括诸多传统哲学假说都被人们认为是毋庸置疑、理所当然的，长久以来并没有其他假设可以有力地质疑这些经典理论。客观主义思想以其普适性的现象分析与看似完整的理论建构在人类历史发展中成为大众接受的认识论和方法论，更成为许多基础学科的理论基石，没有任何其他可供选择的假说与其对峙。直至莱考夫概念隐喻思想的问世，人类对世界认知的重要基点即范畴化过程的重新思考，改变了对西方传统哲学思想的已有认识。人们发现，客观主义范式属于一种理想化状态，那些曾经被认为是不言而喻、无需证明的真理大有可疑之处。莱考夫对现实世界本质的客观主义观点和关于思维与语言的客观主义观点中存在错误认识的部分进行了反驳，即对客观主义形而上学和客观主义认知论的失误进行了全面论证。

关于客观主义形而上学的失误。客观主义认为经典范畴独立于人类而客观存在于外部世界,并通常以"生物范畴"的生物学证据来自圆其说。莱考夫便以此为切入点,以生物分类系统中存在的三种相互矛盾的观点反驳其理论相悖之处,这三种观点分别是以共有衍生特征为分类标准的枝序分类法观点、以总体相似性为分类标准的表型分类法观点和主张无清晰可辨自然种类的进化论观点。他以"斑马"和"鱼"的分类和范畴化实例推演,发现以表型分类法的评判标准存在"斑马"和"鱼"的分类范畴,但根据枝序分类法的评判标准则不存在这种"自然种类"。两种观点分别以历史相似性和现时相似性为不同关注点,虽然都有某些真实状态,但所得的范畴化结论却大相径庭。作为客观主义者必须二者择其一,以遵从自然种类必须存在或者不存在的客观主义观点,其相关命题的真值必然取决于预先存在、有关正确种类的形而上的真实世界,这被认为是独立于任何由人类做出相关判断的客观标准。在这两种观点互相矛盾的同时,不能忽视进化论已成为我们当下这个时代最具说服力的生物科学理论。而按照进化论生物学的观点,物种绝对不是经典范畴。这主要是因为物种不是一个所有成员共享定义特性的同组结构,物种的定义只与其他物种组群有关而与内在特性无关,物种不是根据其个体成员的特性来定义的,种群常常处于渐变状态之中,不存在一个明显的让人们可以区分各种物种的区域,"属于像……一样的物种"这种概念是不可传递的,生物物种概念不能解释为具有任何绝对的必要条件,隔离性物种的地位可能取决于地理位置等。① 总之,以进化论的视角对生物物种特征进行审视,无法范畴化为清晰可辨的自然种类,因为这种观点所持有的是渐进本质的一般物种形成过程。综上,三种不同理论观点相互龃龉,使得客

---

① [美]乔治·莱考夫:《女人、火与危险事物:范畴显示的心智》,李葆嘉等译,世界图书出版公司2016年版,第179—201页。

观主义哲学思想在生物学范畴的评判中陷入无序无解的极大困境，充分表明了科学并未在客观主义这一边。

关于客观主义认知论的失误。莱考夫充分论证了客观主义语义学和认知论的不恰当性，指出实际存在的许多心智范畴和语言范畴并不反映世间指称的范畴。他认为，不存在相对应的外部世界，使得概念成为其外部现实世界的内部表现。不存在纯粹客观、"存在于世"的正确种类范畴以概念化形式进行表达，这是关于客观主义认知论需要面对的问题。另外，符号或词语并不与世界中的范畴相对应，因为世界中本不存在正确种类的范畴与这些符号相匹配，这又是语义学需要面对的问题。经典范畴是客观主义主张的世界中唯一客观存在的范畴，而莱考夫列举的许多关于心智的非经典范畴的实例即刻成为反驳客观主义认知论和语义学的有力回应，包括色彩、民俗生物学范畴、相互冲突的模式，以及来自理想模式、群集模式、转喻模式和辐射状范畴等的核型效应的各种范畴。对于客观主义认为心智不能创造现实，人类所处的世界是独立于人们所具有的知识、概念、信念而存在的观点，莱考夫以文化人类学中的已知事实进行了反驳。例如，前面论述过的"母亲"概念的辐射状范畴实例，这一范畴成员不能由其共同特性来界定，认为"母亲"范畴并非真实存在显然是无稽之谈，而认为人类文化中"母亲"范畴是一个独立于人类心智之外的客观范畴更是可笑至极，文化范畴是人类创造现实的典型独特的表现。因而，文化范畴是基于人类思想与行为真实存在的。再如"政府"是真实存在的，是因为人们可感知它的存在并以其概念化付诸实践。这与山川、河流等客观有形物体独立于人类心智而存在不同，"政府"是人类心智的想象产物并创造了现实，二者是不同的事物存在范例。在社会现实和文化现实中，认知论是先于形而上学的，因为人类具有创造社会制度并凭借其行为实质成为现实的能力。①

二 开辟经验实在主义进路

客观主义哲学与人类范畴化的多种事实相矛盾，与意义理论最基本的要求相悖，这些不一致是无法弥补的深层认知问题。基于新的隐喻范畴观建构，莱考夫在批判客观主义中的部分错误哲学思想观点基础上，试图提出有关认识、理解、意义、理性、客观性等方面的新理论，开辟了经验实在主义哲学思想的进路。莱考夫所批判的客观主义是形而上学实在主义的特殊情况，客观主义主张"上帝之眼"的外在观点（external perspective）即一种存在于实在之外的符号系统，通过赋予符号各种意义的指称关系来与实在发生关系。而人类作为实在的一部分置身于实在之中，并未存在于实在之外，莱考夫表明了内在论者的观点，人类可以在自身处于实在一部分的基础上从内部去认识实在。帕特南（Putnam）的内在实在主义理论从人的观点出发，赋予客观世界和人类活动方式以真实地位，主张人们根据客体、特性和关系来理解世界，可由概念图式建构"实在"。客体及其范畴存在于人们的概念图式之中，并非否认客体的实在，而是揭示可以在不同概念图式中描绘某一特定种类的客体的不同样态。内在实在主义强调人们通过实在中的活动来认知实在的方式，承认概念图式对于理解人们在真实世界中的各种真实经验所作的贡献。存在"上帝之眼"的观点是荒谬的，但不意味着不存在客观性，追求客观性是为了超越偏见，而这一前提即人们可能存在一定偏见，而且最基本的偏见处于人们的概念系统之中，想要达到客观性就必须了解人们自身特定的概念系统。这并非否定科学成为

---

① ［美］乔治·莱考夫：《女人、火与危险事物：范畴显示的心智》，李葆嘉等译，世界图书出版公司2016年版，第217页。

可能，也并未放弃科学实在主义，所放弃的只是科学的客观主义。

莱考夫在帕特南理论研究的基础上，与约翰逊共同扩展了内在实在主义的策略，提出了经验实在主义观点。他以表达式及其所表达的各种概念如何变得有意义为中心问题，将有关意义的论述与人类的经验本性相关联，并指出意义依赖于进行思维和交流的生命体本质。相较于客观主义，经验主义的方法截然不同，莱考夫尝试基于进行思维和交际的个体以及他们所属整个种群的本性和经验，来描绘意义的复杂特征。这种"经验"被广义地定义为人的经验总体以及在人的经验中起作用的一切，包括人们的身体本性、所继承的遗传能力、人的自然活动方式及社会组织等。经验实在主义根据具体化描述意义的特征，因为概念结构是具体化的，即它产生并依赖于人们各种前概念的身体经验，所以概念结构是有意义的。根据经验实在主义的有义性（meaningfulness），莱考夫进一步描述人类理解的特性，根据理解描述真实的特性，以真实来描述蕴涵的特性，进而根据真实和理解来描述知识的特性，最终根据我们是如何理解的来描述客观性的特征。这些问题的探究使得莱考夫将概念隐喻思想进一步延伸至哲学基本问题的思考，为其对真实、真理问题的重新审视积淀了充分的哲学研究基础。

第四章　概念隐喻的真理审思

　　随着莱考夫概念隐喻理论范畴化研究的深化,他的研究也从认知语言学的视角逐渐拓展至更为广泛的哲学层面的思考。与传统西方哲学思想对隐喻的认识不同,莱考夫将概念隐喻置于人类生活中认知层面的知识探索与科学研究,认为概念隐喻完全是一种认知思维、认知手段,无所不在并不可避免地参与指导着人们的思想意识和生活实践。莱考夫的认知主义在哲学基本问题的探究中,特别是对真理的审思,无疑是对其概念隐喻思想的进一步拓展,凸显了其思想体系的广泛性与深刻性。莱考夫对真理认识的探讨涉及宏观层面和微观层面。在宏观层面,与西方文化思想的碰撞必然绕不过客观主义占统治地位的西方哲学立场选择,概念隐喻理论所延展的莱考夫哲学观已然批判了客观主义的绝对真理,但又并未以主观主义的纯粹意识建构为营,或是形成独立于客观主义和主观主义的另一思想建构。在微观层面,他对真理的探讨始于对微观事物及其规律的有效判定,即对无数命题及命题系统是否为真实的判断。莱考夫从如何判定一个命题、一个隐喻是否真实入手,以亲身实在主义观点,论述了真实的亲身性理解,发起了对传统西方哲学中特征明显的离身性认知观的挑战。

第一节 莱考夫认知主义的真理观

从对隐喻本质认识的研究到关注人类对生存世界的认知，莱考夫以亲身心智为基础的真理问题探讨，以认知科学对峙先验哲学，树立了第二代认知科学的哲学观和方法论。概念隐喻思想中投射理论、范畴化理论等在探讨"隐喻之真"和"真理之真"等关键问题上发挥了不可替代的有效作用，成为莱考夫认知主义真理观建构的基石，为揭示真理的经验主义阐释的本质提供了理论支撑。

一 客观主义和主观主义之外的第三种选择

传统西方文化的哲学焦点在于客观主义和主观主义之争，在很多流派的哲学家的观念中，二者持坚决对立的哲学立场。客观主义认为存在完全客观、无条件的、绝对的真理，即使有相对真理存在，也是不断地向绝对真理转化和发展，终极目标还是通向绝对真理。主观主义则认为真理的建构都是主观的，完全以人的意识为转移，人作为世界上独一无二的特殊生物，有着不同于其他物种的特殊思维和认知方式，真理的存在和判定是基于人对事物的感受、经验、想象等是纯粹的主观建构。要么选择客观主义立场，要么选择主观主义立场，不可中立，非黑即白。对于这一观点，莱考夫认为是一种误解，并且这种误解基于一个错误的文化假设，那就是除了绝对的客观主义和激进的主观主义，没有第三种假设。因此，在《我们赖以生存的隐喻》中，莱考夫以"客观主义神话"和"主观主义神话"来阐述和分析二者在哲学探究中的思想误区，形象而生动地呈现了莱考夫对真理认识的逻辑起点。

莱考夫总结了客观主义的主要观点：第一，世界由客体组成，与人类及其他生物的属性、思想及行为无关，不依赖于我们的主观体验而存在。例如，以"河水"为例，它是一种可流动的、没有形状的、透明的液体，无论宇宙中是否存在生物，它依然是可流动的、没有形状的、透明的液体。第二，我们获得认识世界的知识，是通过对客体及其属性的体验，和对客体之间关系的体验。例如，我们通过观察河水，触及并进入河水感受它的样态，获得了河水是一种可流动的、没有形状的、透明的液体的结论。第三，我们使用范畴和概念将客体的属性及其之间的关系进行对应和关联，从而来认识世界中的客体。我们建构了"河水"这个语词，并与"河水"这个概念相对应，见到河水，我们就能分辨出它属于"河水"这个范畴，而大山、土地、树木则不是。"河水"有独立于其他客体的内在属性和特点：可流动、无形状、液体，等等。根据这些属性特点，我们理解了"河水"是什么。第四，存在客观现实。人们可以判断事件客观、无条件、绝对真实或是不真实。然而，当受到人们非正确思想的干扰，比如个人情感、主观情绪、臆想或偏见等，这些因素就可能会扭曲对事件真实的准确判定。为了不依赖人的主观判断，我们选择科学的方法论来获得普遍有效、客观正确的对事物的理解和认识，避免主观认识的误解。尽管在一定的阶段和范围内，我们对科学方法的认识也存在局限，但科学终会为我们提供更加普遍、清晰、没有偏见的解释，并通过其方法论，不断接近真实。第五，词语有固定的意思。我们通过语言表达呈现对概念和范畴的思维结果。词语是人类进化、社会进步自然而客观出现的，包括科技术语、专业术语等。我们用准确清晰的词语可以正确描述存在的现实及意义。第六，人们能够客观地表述并持有客观态度，前提是人所使用的语言必须是符合现实的，是准确、清晰且直白的，不加修饰。唯有这样才能准确判定事件陈述的客观真伪。第七，人们做到客观表达，一定能够并且也应该能够避免使用隐喻等修辞手段，因为带有隐喻的表达都是模糊不清、意义含混的表述，与现实不能明显吻合。第八，客观态度和客观表述是好事，客观知识才是真正的知识。只有站在客观的视角，才能无条件地没有偏见地看待世界、了解社会、了解自我和他人，公平才有可能实现。第九，客观就是理性，主观就是非理性，主观就是依赖于意识，屈从于情感。第十，主观便会脱离现实，十分危险。主观由于带有个人偏见和偏好，自我放纵，夸大了个人作用，容易导致不公平。①

莱考夫同时总结了主观主义的主要观点：第一，在日常生活实践中，人们依靠感觉、直觉行事，以此来指导实践行动。第二，人们生活中最重要的意识、情感、道德、思想等都是非客观、非理性的，无一不是纯粹主观的。第三，艺术、诗歌等使我们触及更重要的情感和直觉现实，超越了客观和理性。第四，带有想象、修辞的隐喻是人们表达思想、经验过程中所必需的形式，是最具个人意义的独特表达方式，是普通词语表达做不到的。第五，客观可能是危险的、不公平的、无情的，科学没有任何用处。客观忽视了作为人最重要、最有意义的感受、审美情感等。②

客观主义常常代表着科学真理、真实存在、理性思考、准确精确、公平公正等，主观主义常常代表着情绪情感、思想意识、艺术审美、直觉想象等，它们是西方文化中相互对立又相互补充的思想纲领。二者在各自的领域里都认为自身优于对方，在认识世界及认识人本身都有着各自的理论体系、价值导向和理想追求。这种较量不但主要表现在哲学家们的思想争辩中，也根植于普通人的日常生活的哲学实践之中。人们因所处地域、文化、环境的不同，分别受

---

① [美]乔治·莱考夫、马克·约翰逊：《我们赖以生存的隐喻》，何文忠译，浙江大学出版社2015年版，第166—167页。
② [美]乔治·莱考夫、马克·约翰逊：《我们赖以生存的隐喻》，何文忠译，浙江大学出版社2015年版，第167—168页。

客观主义和主观主义不同程度的影响。在生活实践中以其迥异的态度和观念支配自己的行为，在某一时期某些地域会形成相同的群体文化，不断强化这种对世界的认知方式，使之根深蒂固，最终成为自然而然、理所应当的认知态度和选择。正如，在西方文化中，客观主义被大多数人所认可，占统治地位，主观主义被多数人看作客观主义领域的附属物。

自古希腊以来，柏拉图、霍布斯（Hobbes）、洛克（Locke）、塞缪尔·帕克（Samuel Parker）等代表性人物对隐喻和修辞都有不同程度的质疑和反对。莱考夫认为以实证科学为基础的真理模型使得客观主义对隐喻产生了恐惧，即对情感和想象的恐惧，也就是对主观主义的恐惧。但莱考夫也并未站在主观主义这一边，他否认客观主义和主观主义的选择，提出理解真理的另一种经验主义阐释，并且这种阐释才是唯一选择。他批评客观主义无条件的绝对真理的观点，也不接受主观主义完全以意识、想象为认知起点，不受环境制约的纯粹主观性。莱考夫认为，真理与概念系统紧密联系，而概念系统是人类思维的建构，本质上都是隐喻的，不存在完全客观的、脱离经验的绝对真理。同时，人们日常思维中富有诗意的、想象的、修辞的隐喻思想，并非完全是非理性的臆想，莱考夫明确提出"隐喻是富于想象力的理性"。这就使得隐喻作为重要工具，生成了客观主义和主观主义之外的第三种选择，即基于理解的经验主义综合。

这种经验主义阐释弥合了原本对立的主观主义和客观主义之间的鸿沟。莱考夫认为，真理与理解相关，不存在一个绝对观点使得人们获得认知世界和自身的绝对客观真理，人们了解世界是通过与世界进行互动。我们在日常自然环境和人文环境中与他人、与社会、与世界互动，不断检验并修正，形成了概念系统，而人类的概念系统都是隐喻的。但这些恰恰被客观主义和主观主义所忽视了。

客观主义没有意识到，由理解而获得的真理来源于人们的文化概念系统，此概念系统不是客观的绝对存在，而是依赖于人的认知，人们总是会以对一种事物的丰富想象来理解另一种事物，隐喻无处不在地影响着概念系统的产生。主观主义没有意识到，即使是最富有想象的理解，仍然依据本质为隐喻的概念系统，而隐喻性理解和概念系统的生成均涉及隐喻蕴涵、范畴化和推论，这一过程并非完全非理性的，相反，隐喻蕴涵是一种富于想象的理性形式。

二 概念隐喻思想在真理中的作用

真理在人们的日常生活中发挥了引导思想、指导实践的判定标准作用，人们在一定的自然环境和文化环境中，基于身体基础和交往经验形成了族群或社会的统一认知标准，对事物和事件的有效判定，对思想、道德和行为的限制约束，对未可预见内容的想象等都有赖于对真理的认同。不管是客观主义真理还是主观主义真理，抑或经验主义真理，对于所信仰的各自文化中的真理，人们通常深信不疑，并且建构了以真理为理论基础的世界观、人生观和价值观，众多知识体系、学科理论和实践的发展同样基于对真理的认识。但在对真理认识的过程中，人们常常很难意识到隐喻在其中发挥的重要作用，这也是莱考夫概念隐喻思想所强调的关键，隐喻无处不在地影响着人们对任何事物的认知，包括对真理的重要认识。

概念隐喻的投射理论在探寻真理的过程中，对于人们形成对事物方位、空间等的基本认识与理解起到了关键的作用，这进而构成了人们全面理解外部世界的前提和基础。源自人们直接经验投射出的方位范畴使人们自然地认识和理解了"物质""物体""上—下""左—右""前—后""目的""起因"等基础概念。人们通过感知来确定事物的位置、方向、大小、形状，并以此来确定自身的位置、坐标，形成空间、方位的系统建构，然后概念化为人们所熟知的表达方式，用以沟通交际、相互理解。例如，人们基于身体直立向上的生存特征，产生了"地上""地面"等直接经验，将相应的感知经验投射到不同角度的平面，产生了"墙上""天花板上"等方位表达。当产生直接经验的自然范畴不适用时，人们又将已形成的范畴投射到没有直接经验的物质世界的某些方面，对原本没有明确边界和表象的实体赋予一定的边界和外表。比如"天上""森林内部"等并非某个具有清晰界限的平面或空间集合，但根据人们的感知和与人的相对位置，产生了很容易被理解的概念。在日常生活中，人们通过给物质或物体投射方向和实体结构来了解和认识世界，这种通常的认知方式表明真理是相对于人们理解的。

范畴化在真理中起到了帮助人们对事物进行分门别类、突显特点、判断真实陈述的重要认知作用。分类是人们认知和区分事物、了解世界的必然途径，这一过程便是人们以有意义的方式进行范畴化的过程。很多范畴直接源于人们的经验，范畴化是人们经验积累与总结、文化传承与积淀历程中的特殊能力，是以身体方式为起点，通过与他人交往、与自然和社会环境交互作用产生的。莱考夫认为，人们对物体的范畴化来自自然维度，包括感觉器官对物体构想生成的知觉维度，物体之间运动交互特征生成的肌动活动，人们对物体功能构想生成的功能维度，特定情况下人们对物体使用生成的目的维度。这些维度组成了人类范畴化的基本完形，每个自然维度都意味着一种互动属性。范畴化通过突显某些特征，同时淡化或隐去某些特征来标识一种物质或物体，以人们的某些目的为指向来描述世界。真理本身是概念系统的一种功能，离不开范畴化的真实陈述，人们所做的真实陈述都是以范畴化的事物为基础，通过那些范畴自然维度所突显的特征来构建概念系统，这就必然聚焦一部分特征、忽略其他特征。由于范畴自然维度并不是事物本身的特点，它们来自人们与世界的互动，是以人的感觉系统、器官功能、概念系统为基础的互动产物，因此基于人类范畴所论断的真实陈述也具有相对于人类机能的有意义的互动特性，而不是事物本身的特性。真理基于真实的陈述内容及逻辑，就必然对范畴和范畴化方式做出选择，这种选择与人们在一定环境和文化中的知觉和目的密不可分。范畴是以人类理解为目的，以核型理论和家族相似性为主要特征来划分和界定的辐射状结构，一事物属于某个范畴或范畴化的方式取决于范畴的人为目的。那么，一个陈述是否为真实则取决于陈述中所使用的范畴是否合适，真理是相对于一定情境和文化中人们的目的而判断的。莱考夫认为，真理至少在四个方面取决于范畴化：第一，一个陈述只有相对于某一种理解时才是真实的；第二，理解通常会涉及人类的范畴化，这种范畴化是非固有的互动特征以及源于经验的维度在发挥作用；第三，陈述的真实与陈述中的范畴所突显的特征有关；第四，范畴既不是固定的，也不是统一的，是通过原型或家族相似性来界定的。不同目的、不同情境的范畴化结果未必相同。① 可见，概念隐喻思想的范畴及范畴化理论对真理问题的研究发挥着十分重要的基础作用。

三 概念隐喻思想的真理本质

莱考夫对真理问题的宏观探讨始终围绕着经验阐释要素，这种阐释以人的理解和人们为何对理解情境做出分析为基础。人的理解分为直接理解和间接理解。首先，直接理解是指人们通过直接接触物质或物体来认识事物，通过这种物理接触实现与环境互动的过程。人们将自己视为有清晰边界的实体来建构自身和其他实体结构，接触同样有边界的可感知的众多实体。在了解实体的基础上，

---

① ［美］乔治·莱考夫、马克·约翰逊：《我们赖以生存的隐喻》，何文忠译，浙江大学出版社2015年版，第150页。

人们通过各种实体事物在所处环境中的不同位置与变化建构了空间方位结构，这就有了上下左右、前后里外、中间边缘等意识和概念。人们不断地通过一些经验维度与其他人以及自然环境、文化环境直接交互，对实体事物进行自然的范畴化，再通过范畴化的结果将直接经验范畴化，形成不同维度的经验完形。范畴化使人们在将直接经验分类理解时，构建了一个不易察觉但丰富的认知背景，这些情境背景随后作为完形的实例，被用来解读与之相符的情境要素。人们通过与物体或事件的直接接触，与所处环境形成互动循环。

其次，间接理解是在直接理解的经验基础上，对非自然经验维度的对象和范畴进行认知和界定，比如情绪情感、抽象概念、道德、心理、时间、制度、工作等。人们凭借已认知的实体和经验，尤其是已范畴化的实体和经验来理解它们。通过概念隐喻投射过程内建于人们的感觉系统，依据明晰界定的事物和概念来分析理解未知事物，形成推理和再范畴化，间接理解充分利用了直接理解的资源。在这样的过程中，必然需要隐喻作为必要的概念化工具来实现，因为大多数间接理解都是依据一类实体或经验来理解另一类实体或经验。间接理解通过方位隐喻说明方位结构，通过结构隐喻形成经验维度和经验完形，经验完形则通过隐喻在理解中起到背景作用，同样是通过隐喻使得事物的某些特征被突显，同时其他特征被淡化或隐藏。总之，通过直接理解和间接理解的共同作用，才使得人们对世界的认知有了真实与否的判定。人们借助概念系统来理解各种情境，这些概念系统所构成的陈述能否被认同为真实、直接影响着人们对真实世界与真理本质的认知。真理作为概念系统的一个重要组成部分，其本质在于它是建立在理解之上的，它代表着人们对事物及其内在规律的辨识和表述，而概念系统本身则蕴含了隐喻性的特征。

莱考夫概念隐喻思想的真理本质可以概括为真理取决于人类的理解。这一认识具有以下几个特点：一是具有真理符合论特点。真理的陈述和世界上事物、事件的状态直接的吻合，表现出真理陈述的客观意义，这种客观意义指定该陈述为真的条件。莱考夫的真理观是与概念系统相关的，以理解为基础的，真理必然要符合一定情境中人们的理解。二是具有真理连贯性特点。真理依赖于连贯性，表现在人们理解事物或事件需要根据概念系统将其吻合到一个连贯的图式中。三是具有真理实效论特点。理解需要经验基础，经验范畴及构成这些范畴的概念系统不仅来自经验，还不断得到人类文化的成功验证。四是具有真理的非绝对性特点。与纯粹客观主义不同，经验主义真理观不承认存在纯粹绝对的客观真理。五是具有真理的非同一性。不同文化、不同情境、不同概念系统的人理解世界的方式可能截然不同，这就存在不同的真理和真理的判定标准。①

第二节　概念隐喻真理中的真实研判

概念隐喻思想的真理本质反映了莱考夫对于真理问题的宏观认识，从这一真理探讨的提出到范畴与范畴化研究的深入，莱考夫对真理的关注逐渐聚焦于微观层面对客观事物及事实的真实考量及其研判依据，更加突出概念隐喻及其所支持的亲身实在主义在真实研判过程中所发挥的关键作用，充分体现了真实本身所具有的亲身性特点。

---

① ［美］乔治·莱考夫、马克·约翰逊：《我们赖以生存的隐喻》，何文忠译，浙江大学出版社 2015 年版，第 161—162 页。

一　隐喻与真实

概念隐喻思想认为隐喻无处不在，概念本质上是隐喻性的，人类的概念系统和日常思维都是隐喻的。这些观点并非仅从语言学角度对传统隐喻理论质疑，其理论本质已经深刻切中哲学基本问题的要害，涉及人类为何物，如何理解外部世界，什么是现实，什么是真实，语言如何与世界关联，是否有客观知识存在，甚至什么是道德等。这些与传统隐喻理论所辐射到的现实观、真实观、语言观、知识观、道德观针锋相对。让人们轻易地否定多少世纪以来已经达成共识的世界观及其哲学理论是件极其艰难的事情，然而概念隐喻思想体系的建立却给予了清晰而有力的证据回应。针对传统隐喻理论的主要原则，莱考夫以"爱情即旅行"这一隐喻为例，对其进行了逐一辨析并反驳其错误根源，诠释了"隐喻之真"①。

第一，传统隐喻理论认为隐喻是词语问题而非思维问题，当某个词不用于正常所指事物而指别的事物时隐喻才出现。如果以这一谬误为前提，隐喻既然只是词语问题，则不同语言表达的隐喻应是不同隐喻，且彼此之间毫无共同之处。但由同一概念隐喻"爱情即旅行"派生的"我们的关系在原地打转"和"我们的关系碰上了死胡同"则意义相通、密切关联，这正是概念隐喻的跨域映射特征的表现。同时充分地证明隐喻更重要的是思维问题，先有隐喻性思维才能产生若干种可能不同的隐喻性语言表达，通过跨域映射的形式，语言只是思维的逻辑反映。第二，传统隐喻理论认为隐喻性语言是新颖的，常出现在诗歌和修辞中，而非普通惯常性语言。但"我们的关系处在十字路口"和"这一关系不会有什么进展"并非

---

① ［美］乔治·莱考夫、马克·约翰逊：《肉身哲学：亲身心智及其向西方思想的挑战》，李葆嘉等译，世界图书出版公司2018年版，第122—127页。

诗歌或新颖修辞手法，却都是普通日常语言的表达。这种"爱情即旅行"的隐喻表达是人们对爱情概念化理解与推理的自然形式和日常方式，当然属于普通惯常性语言。第三，传统隐喻理论认为在隐喻中因为词语用的不是其本义，则隐喻性语言是不正常的。而隐喻思维是人们再正常不过的思维方式，这源于人们对客观事物或事件的真实感知与体验。"我们的关系正处于十字路口"是一个正常表达，将爱情概念化为旅行是我们概念化爱情的正常方式。第四，传统隐喻理论认为在日常语言中常规隐喻表达都是死喻，意思是那些表达曾经是隐喻性的，但已经凝固在文字表达中了。如"我们的关系处在十字路口"中的"在十字路口"常会被误认为是死喻，然而事实却是如上面所说，这种例子是非常具有认知现实性的鲜活的常规性概念隐喻，并非死喻。判定一个隐喻映射是否活跃就看新的隐喻表达是否为该映射的例子，如果隐喻映射可以在修辞和诗歌中产生新的隐喻表达，那么该隐喻即活跃的。第五，传统隐喻理论认为隐喻所反映的相似性是预先早已存在的相似性。在概念隐喻的工作机制探讨中，我们论述了隐喻概念如何进行定义与理解，隐喻蕴涵如何赋予形式以意义以及如何产生新意义。概念隐喻的相似性如何产生的工作机理，已经证明了相似性是通过隐喻映射产生的，是映射创造了相似性。

各种会聚性证据表明，人们通过概念隐喻真实地描述和反映与人们相互作用的客观世界，可以看到人们普通日常理性都是隐喻思维的表达。莱考夫认为，隐喻思维具有许多哲学蕴涵。基本隐喻在人们的日常经验中不断产生，将人们的主观经验判断与感觉运动体验相关联，为抽象概念的形成提供感觉运动体验的逻辑和意象性的定性感觉，人们在认知无意识的自然状态下不自觉地形成和运用了思维的隐喻模式。大多数抽象概念是通过概念隐喻有效界定的，概念隐喻的基本作用就是把喻源域的推理模式映射到目标域中，因而推理都是隐喻性的。隐喻思维使得抽象的科学能从理论上具体阐述成为可能。隐喻概念是亲身性真实，与传统的离身性真实符合论相矛盾。理性与概念并非独立于人类身体之外，并非超验的，理性与概念结构依赖于人类身体、大脑和在世界中的功能模式而形成。综上，这些都是无意识隐喻思维博大精深的哲学蕴涵，概念隐喻使得大部分抽象思维成为可能，哲学的隐喻品格促使科学思维是真实的，这是人们能够理解自身经验的特有手段，是人类伟大的智力天赋。

二 实在主义与真实

对于真实的研判是认知层面的问题，从形而上学实在主义到帕特南的内在实在主义，再到莱考夫和约翰逊的经验实在主义，对意义、指称、认识和理解的认识论经历了不同程度的变化，这些都是围绕"真实"问题展开的基本讨论。由此形成了认知科学的两代构想，莱考夫将其概括为第一代"离身性心智的认知科学"和第二代"亲身性心智的认知科学"。第一代认知科学基于解析哲学，建立在特定的先验论哲学承诺基础上，具有功能主义特点，认为心智本质上是脱离身体与大脑而具有离身性的，思维形式是基于符号的形式操作处理，无需考虑符号的意义。[①] 因此，心智表征是符号化的，通过与其他符号和外在现实的关系获得意义，同时凭借必要充分条件定义范畴，并且所有意义都是字面意义，不存在隐喻意义。[②] 真实即客观的离身的真实，与人的理解毫无关系。第二代认知科学发现概念域理性强烈依赖于人类身体，概念化中心与推理想象过程都

---

① John Haugeland, *Artificial Intelligence: The Very Idea*, Cambridge, Mass and London: MIT Press, 1985.

② Howard Gardner, *The Mind's New Science: A History of the Cognitive Revolution*, New York: Basic Books, 1985.

来自隐喻，对隐喻、意象、核型理论、心智空间和辐射状范畴的新发现反驳了英美解析哲学理论。亲身性心智的认知科学主张概念结构来自人们的感觉运动经验和神经结构，并非无意义符号，而是人们的身体和亲身经验的联结赋予了心智结构的本质意义；基本层次概念来自人们的肌动模式和整体感知能力及意象模式的构建；基本隐喻是人类大脑通过结构化处理，将来自感觉运动域的激活模式映射到更高皮层区而产生的；概念结构包含使用不同推理形式的多样核型，大多数概念不具有充分必要条件；理性是亲身的，属于人们推理的基本形式，身体的推理形式通过隐喻映射到抽象推理模式。① 总之，这种亲身性理解在人们的意义和思维结构及内容的所有方面发挥着中心作用。两代认知科学是"离身性"对峙"亲身性"，或是"持形式解析哲学的假设原理"对峙"非形式解析哲学的假设原理"，不同的哲学方法论使得对"真实"的研判也有不同。

  各种指称理论与真实问题的探讨是解析哲学的中心议题，因为解析哲学的分析程序依据它们来填补符号与世界之间的裂隙（gap）。解析哲学的符号系统实在主义使得指称与真实问题的重要性更为沉重，在诉诸真实符合论的前提下，抽象符号与指称世界之间的鸿沟需要对应性联结的弥合。解析哲学具有两种指称理论，一是认为指称为何取决于语言表达式的意义，二是认为特定人的指称行为决定其指称为何，即指称的决定是有因果的。作为符号的词语形式与世界之间的裂隙被呈现为：自然语言句子与命题之间的裂隙，命题是由抽象符号构成的语言中立结构；符号结构与世界之间的裂隙；自然语言与形式语言中用来表征自然语言各方面符号之间的裂隙；形式语言符号与语言集合论模型中的任意抽象实体集之间

---

① Francisco J. Varela, Evan Thompson and Eleanor Rosch, *The Embodied Mind: Cognitive Science and Human Experience*, Cambridge, MA: MIT Press, 1991.

的裂隙；世界的集合论模型与世界本身之间的裂隙。这些裂隙都是难以弥补的棘手的问题。① 亲身实在主义的介入对"真实"问题的理解则有助于科学的通情达理，它区分了不同的理解平面，真实与否是相对于不同理解的科学解释层面的。比如物理主义者主张仅存在客观的物质实体，即那些独立于任何非物理实体的认知或理解的存在。而对物理事物概念化的过程离不开理解过程。从亲身实在主义的角度看，不存在主客二分的认识论与对世界本质研究的分离，认为"真实"取决于"理解"。对物理主义者所表达的观点可以理解为关注的是科学解释与激发的性质，以及为了达到科学解释的目的而认定的"真实"。这意味着真实被定义为相对理解的真实。

三 真实的亲身性理解

莱考夫认知主义对"真实"的理解是多元的、相对的、亲身的、基于人类理解的一种判断。其重要的亲身性特征体现在真实与否取决于人们的感知器官、肌动活动、大脑精细结构以及人类文化、人与环境的交互作用等诸多因素。理解真实是思维层面的操作，这便离不开概念化过程，莱考夫认为概念的亲身性至少存在三个平面：神经平面、现象学的意识经验平面和认知无意识平面。② 首先，神经的亲身性关注的是以概念与神经平面的认知操作为特征的结构，如之前在范畴研究中探讨过的色彩概念和空间关系概念。以"神经元回路"为例，这本身就是一个使用电子术语使神经结构概念化的重要隐喻，这为人们对大脑运行过程的理解提供了合理

---

① ［美］乔治·莱考夫、马克·约翰逊：《肉身哲学：亲身心智及其向西方思想的挑战》，李葆嘉等译，世界图书出版公司2018年版，第100—101页。
② ［美］乔治·莱考夫、马克·约翰逊：《肉身哲学：亲身心智及其向西方思想的挑战》，李葆嘉等译，世界图书出版公司2018年版，第103页。

的、关键的、深刻的表达方式，有关神经平面的真实通常就是依据这样的亲身性隐喻来阐述的。其次，现象学平面由人们能意识到的一切事物构成，这就需要通过人类的身体、心智及其与外部环境的交互作用来产生。现象学平面即人们常常说到的感觉平面、经验平面，是人们感知的事物呈现给人们的样态，如头疼、柠檬的味道、汽车喇叭的声音或是苹果成熟的红色等。最后，认知无意识平面包含了建构所有有意识经验的认知无意识和所有心智操作的来源。认知无意识引导了人类身体的知觉与肌动活动，以及基本层次与空间关系概念的形成。这三个平面并未彼此独立，他们相互联系并整体构成了人类心智的主要组成部分，单独的神经平面不足以解释心智的所有方面，心智在很大程度上是关乎经验的感觉及涉及人们的身体活动的现象学平面。

与宏观层面真理取决于理解一样，微观层面的真实同样取决于人们的理解，这种真实是亲身性的。没有理解就没有真实，任何真实都必须以人类的概念化、范畴化与可理解的形式存在。亲身性真实与理解紧密关联，并不是绝对的客观真实，它不同于人们在传统理论中对"真实"的看法。同时，亲身性真实也不是纯粹主观的真实，主观真实是完全以人的意志建构的真实，与客观事物及世界毫不相干，亲身性真实需要人们与外部世界进行交互作用而获得理解，包括对人类交际、文化、制度、活动的理解与经验。这些可称为社会性真实，社会性真实只能是亲身性真实，因为脱离了理解则意义无存，例如道德、民主、权利、义务、自由、公平、正义等概念。亲身科学实在主义引发了相应的科学亲身真实观。莱考夫所认为的真实进入了认知科学的范畴，因为这有赖于人类理解的本性，包括何为概念、何为隐喻，以及如何为情境设定框架。基于亲身性的多重平面性，莱考夫所指的"真实"可解释为人们对于所处环境中现实情境下所需要的概念上的设想，或人们为了生存、达到特定目的而对自身所处环境的妥当且可行的理解。

第三节　概念隐喻真理观评析

莱考夫认知主义真理观以经验主义立场、亲身实在主义观点力驳纯粹客观主义和主观主义真理问题要害，以概念隐喻思想为利器，用联系的、发展的哲学观点重新审视了真理问题，试图诠释何为真理、何为真实，从宏观层面和微观层面对人们的认知方式、理性思维进行了真理性探索，形成了概念隐喻的建构真理观，为亲身哲学的提出奠定了真理性基础，但同时也不免具有一定的局限性。

一　隐喻建构真理观的形成

尽管西方先哲们都将隐喻仅仅看作语言修辞问题，与人们的思维无关，但事实上隐喻却无处不在地与哲人们的哲学思想缠绕在一起，不同时代的哲学家们虽然探讨了不尽相同的哲学问题，但共性的真理问题却是几千年来亘古不变的主题，因为回答了真理问题意味着找到了对世界及人类自身认知神秘探索的哲学钥匙。在汲取与批判了客观主义真理观、主观主义真理观、几种实在主义真理观的基础上，莱考夫和约翰逊形成了基于概念隐喻思想的经验主义真理观，认为真理是概念化的，基于不同层面不同范畴的真实陈述，概念系统是隐喻性的，真实是亲身性的，真理是人类经验通过概念隐喻映射形成的。真理取决于人类的理解，极具情境性的特征，不同环境、不同文化、不同情境、使用不同概念系统的人们对真理的认识不同。因此，莱考夫的真理观是一种隐喻的建构真理观，[①] 具体

---

① 田艳红：《隐喻的真理性问题》，《湖北社会科学》2015 年第 10 期。

表现在：首先，真理不是独立于人的身体、大脑而客观存在的，而是基于人的亲身心智、对世界及自身的理解，作为人的心智产物真理是被建构的。其次，真理不是脱离客观世界的人的主观臆造，而是基于人的感觉系统、肌动组织与外部自然环境和人文环境的交互作用产生的，作为人的理性认知真理是被建构的。再次，真理不是先验不变的意义表述或系统符号，而是经由概念隐喻映射产生，与情境性理解目的吻合，是相对于概念系统的。作为人的隐喻思维，真理是建构的。最后，真理不是静态的、封闭的、永远正确的绝对真理，而是符合相应情境的客观世界的相似性描述，是动态的、开放的、需要人们不断地去修正和完善的。只有这样才能更趋近于理想的真理，而绝对的真理是不存在的。这种隐喻建构真理观，相较于之前亚里士多德的符合真理观①、布莱克的视如真理观②、戴维森的替代真理观，③ 在对隐喻的认知和对哲学真理问题的研究上都具有开创性的思想进步和理论发展。

二　亲身哲学的真理性基础

莱考夫基于理解的经验主义阐释，创造性地提出了对客观真理、真实世界及人类本身全新的认知方式，极大地挑战了传统西方思想中根深蒂固的理性认识。这种新视角、新认知，鲜明地对立于离身心智观点，莱考夫以亲身心智的建立为理论建构支点，从探讨身体和大脑如何塑造理性开始，对心智的亲身性内涵、运作机制、实证过程等进行了逻辑推理。心智的亲身性通向亲身实在主义，理

---

① ［英］戴维·E·库珀：《隐喻》，郭桂春、安军译，上海科技教育出版2007年版，第179页。
② Max Black, *Models and Metaphors: Studies in Language and Philosophy*, Itaca, New York: Cornell University Press, 1962, pp. 25–48.
③ Donald Davidson, "What Metaphor Means", *Inquires into Truth and Interpretations*, Oxford: Oxford University Press, 1984, pp. 257.

性的直接亲身性被证明可能存在，亲身认知理论更好地解释了什么是真理与真实。在此基础上，对真理本质的探索又成为莱考夫亲身哲学形成的真理性基础。亲身哲学的理论体系形成需要坚实的认知科学的哲学观念做支撑，概念隐喻真理观为哲学理论的认知科学视角和方法论的应用打开了第一道门。莱考夫凭借概念隐喻思想进一步开展对世界本质、认识论、道德等一般问题的认知科学研究，同时致力于基于经验的实证的可靠哲学。对真理的理解和对真实之真的研判，都为后续重塑亲身哲学视域下的时间、事件、因果、心智等基本哲学概念提供了思想和理论资源。莱考夫认为，哲学是具有概念系统的人类从事的研究。人类用概念进行思考，并用语言表达概念系统中的概念。无论哲学家提出怎样的哲学问题，都离不开概念化、范畴化的理解过程，意义产生于人在一定情境中的理解，概念的意义取决于如何概念化和理解该问题时正在使用的概念系统。简而言之，整个哲学探究事业要求人们事先理解其中的概念系统，这是基于经验实证的工作，哲学家们给出的任何答案都是其本身概念化功能的一部分。莱考夫认知主义的真理观对哲学观念的影响极大程度地，改变了人们如何研究哲学和如何修正以往哲学探索的方式，更改变了人们对哲学事业的理解。

三　概念隐喻真理观的语境性局限

莱考夫概念隐喻真理观在隐喻研究与哲学研究中产生了令人吃惊的重大影响，不仅开创了广阔的认知语言学研究场域，更激起了亲身性哲学的研究热议。概念隐喻思想颠覆了几千年来人们对隐喻的狭隘看法，概念隐喻真理观破解了长久以来人们对客观主义真理深信不疑的误判。尽管如此，概念隐喻真理观仍存在一定的不足，表现为语境性局限。一是"真理之真"与"真实之真"关于"真"的探讨稍显薄弱与模糊。通过研读对比莱考夫著作原本与译本，研究发现文中频繁出现的"truth"一词在其不同阶段出版的著作里指代较为模糊和混乱,在前期出版的《我们赖以生存的隐喻》一书中"truth"多指真理,但在探究真理的例证之中真理、真实与真值的各种表述常常含混,难以区分;在后期出版的《肉身哲学:亲身心智及其向西方思想的挑战》一书中"truth"多指真实,例如"实在主义与真实""隐喻与真实"的论述,由于其论述的亲身性和概念隐喻多个会聚性证据等具体问题多处于微观层面,讨论的是陈述的真实问题和真值与否,因而"truth"多译为真实。但同时这里的研究已是基于成熟的范畴化研究和认知无意识、亲身心智及复杂隐喻研究,进一步提升到认知科学和哲学层面的探讨,对于真理问题的系统研究显得欠深入。二是对真理本质的表述尚处于片面的、不完善的模糊表达。尽管莱考夫竭力论证了真理不是客观存在的绝对真理,不是主观臆想的脱离客观世界的任意想象,真理不是独立于人类身体、大脑的离身的对事物及其规律的判断,真理不能脱离人与外部世界的交互作用……但真理的科学表达理应给予明确的说明,仅以排除法赋予真理更多的不可为,抑或以"真理取决于理解""真理是经验主义的""真理是亲身性的""真理是情境性的""真理是永远逼近理想真理的"等特征性描述作为表达方式来诠释真理义涵。如此,对真理本质的研究尚显不够明晰和精准。因而,概念隐喻的真理观相较于范畴与范畴化理论在成果内容的理据性、系统性、丰富性及理论的扩展性等方面较为逊色。但无论怎样,因为生存于这个世界的人们的认识总是局限的、片面的、不断发生变化的,那么任何思想或观点都难免存在不足与缺陷,概念隐喻真理观的建构已然为莱考夫亲身哲学的提出奠定了坚实的理论基础,使莱考夫认知主义哲学逐渐完善,成为跨学科、跨领域哲学研究的典范。

第五章　概念隐喻的亲身哲学蕴涵

莱考夫基于概念隐喻思想而形成的认知无意识、心智亲身性、隐喻性思维等使得隐喻成为解释和建构人类语言、认知和思维的必要工具，使得人们深刻认识到认知科学成为重启哲学核心问题的有效方法与手段。哲学问题需要运用人类理性来进行深入探索，而人类理性的本质正是亲身认知科学的研究中心范畴，这充分地体现了亲身认知科学具有的哲学功能。莱考夫与约翰逊较为深入地总结了西方哲学在认知科学发展中所取得的进展与面临的限制，审慎地摄取并借鉴其中的有益元素。在此基础上，他们以一种全新的视角，对认知科学的基本概念进行了探讨，从而提出了亲身哲学思想这一创新性的理论为概念隐喻赋予了更为丰富的亲身哲学内涵。

第一节　哲学的认知科学发展

研究哲学理论的目的是理解事物存在的原因、认识自己及周围的世界，以指导我们应该如何应对各种事物或事件，以及如何生活。哲学理论意在寻求对世界和我们所处其中位置的全面、一致的合理性解释。而认知科学的本质在于研究人类概念和理性的本质，所以在很大程度上对理解哲学的本质有着直接影响。亲身认知科学对哲学有着重要的促进作用，比如对时间、事件、心智、道德、自由等基本概念的解读。在对特定哲学的理解过程中，人们总是通过各种想象来推断人类的理解以及这些理解正确与否，莱考夫和约翰逊将这项事业称为哲学的认知科学。

一 亲身认知科学的哲学功能

哲学研究的过程有赖于人们所处文化环境中的概念资源和相同的基本概念系统，通过对这些基本概念进行修改和完善来寻找新的联系或启示，于是才有了哲学家建构的存在、知识、心智和道德等相关的哲学理论。日常概念系统及其扩展能力是抽象哲学思想和理论成为可能的前提条件，人类的发明与创新、哲学的想象与创造无一不经过传统的概念工具和理解来呈现，其中有源源不断的概念隐喻、认知模型和民俗说法，伴随着人们共有的、普通的认知资源。亲身认知科学可以帮助人们理解哲学的性质、评估哲学理论的适当性，具有概念分析、批判评估和阐明建设性哲学理论的哲学功能。[1]

首先，亲身认知科学具有概念分析的哲学功能。人们对概念的本质结构及推理，可以进行有效的哲学理论分析并给出预设，可以使人们获得对生活各个方面样态的感知和体验。人们通过认知科学建立了一种理解方式，这种方式依赖于人类的身体基础和由文化构建的亲身经验，依赖于人类所生存的自然环境和社会环境的制约。"何为存在""何为善良""何为真相"等哲学思考在这一理解范式下不断改进和拓展，再与同一文化中共有的日常隐喻和民俗说法达成一致，形成一定群体、一定文化、一定社会制度下的哲学理论。亲身认知科学的概念分析功能是最基础却也最容易被人们忽视的哲

---

[1] ［美］乔治·莱考夫、马克·约翰逊：《肉身哲学：亲身心智及其向西方思想的挑战》，李葆嘉等译，世界图书出版公司2018年版，第364—369页。

学功能。其次，亲身认知科学具有批判的哲学功能。认知科学不仅可以归纳、阐释哲学理论的形成，还可以提供批判和评价理论的认知基础。认知科学能够依靠交叉学科的多元方法和观点的会聚性证据，适当地开展自我批评，反复评估关于自身、实证测试及科学解释的概念。这便形成了先验性最低的方法论假定，不会预先确定任何具体分析结果，因而亲身认知科学更适合作为哲学理论的批判工具。最后，亲身认知科学具有阐明建设性哲学理论的哲学功能。分析和评价仅仅是实现建设性哲学主要任务的前提，哲学的现实意义应是为人们的生活提供指导性哲学理解。随着社会发展的进步，人们对政治、文化、宗教、生态、道德等多领域实践的价值导向与标准评判的需求不断增多，开展自我批评的认知科学可以使哲学更具有生活指导性，成为实证的可靠哲学。它可以为人们正确理解更多的知识、创造生活真实感，解释隐喻性概念和经验及其记录历史的作用，阐明人们的信仰由来等诸多活动提供具体分析的方法。认知科学提供的丰富而严谨的分析明确揭示了人们日常无意识的隐喻模式是如何形成哲学理论的。

二　西方哲学中的认知科学

莱考夫对西方哲学史上几个决定性时期的哲学思想进行了理性分析，以第二代认知科学尤其是概念隐喻理论为主要视角，以基于核型、隐喻、民俗说法等为认知机制，在共时和历时两方面寻求现象的普遍性，对哲学史上各不相同的认知逻辑和哲学立场进行了深刻剖析，形成了超越古典理性的"理想重建"（rational reconstruction）的哲学思考。这种分析旨在论证并阐明，各时期哲学家对于世界本质、知识论、道德等核心问题的见解，均源自核心隐喻和民俗说。并进一步探究如何通过隐喻意蕴和民俗说来实现逻辑推理，从而使得原本复杂的哲学理论连贯统一。

古希腊时期最早记载哲学思想形成的，就是苏格拉底时期对世界本质的研究。范畴有其自身本质，被称为"存在之本质"（essence of being），从自然事物由土、气、火、水组合而成的"元素说"到米利都（Miletus）自然哲学派的"存在之本质是物质"，泰勒斯（Thales）"存在之本质是水"，阿那克西曼德（Anaximander）"存在之本质是无定物质"，阿那克梅尼斯（Anaximenes）"存在之本质是气"，赫拉克利特（Heraclitus）"存在之本质是变化"，毕达哥拉斯（Pythagoras）"存在之本质是数"等，都是隐喻式的概念系统和隐喻性思维表达，[①] 这反映了前苏格拉底哲学家共享的哲学思想。人们可以获得关于世界的知识，具体事物都可归属其特定种类，实体具有属于该事物种类的特性，称作本质或性质，并且是其自然表现的因果关系源，所有存在事物组成一个范畴。这使"何为存在之本质"这个问题显得合情合理，而这些问题的实质都是隐喻性的。莱考夫揭示了前苏格拉底学派本质定义的三个伟大隐喻，分别是"本质是物质""本质是形式""本质是变化模式"，这些隐喻界定了古典物质主义、古典形式主义和经过特殊加工的对世界本质进行的研究。

认清了前苏格拉底学派对世界本质研究的认知结构，便更容易分析柏拉图（Plato）理论的形式观，他主张以存在的可知性、普遍种类、本质和万象范畴等民俗说法理解理性知识。柏拉图将世界中的事物概念化为可被心智感知的观念，认为"本质是观念""本质是理想"的。但这仍是通过隐喻的方式将心智与外部世界连接起来，使得人们形成了对世界认识的知识组织，也就是说，因为人们可以直接知道自己的观念，所以可以认识到世界事物的本质。与柏

---

① ［美］乔治·莱考夫、马克·约翰逊：《肉身哲学：亲身心智及其向西方思想的挑战》，李葆嘉等译，世界图书出版公司2018年版，第375—389页。

拉图相似但又不同，亚里士多德提出了"观念是本质"的认识观，看上去这是两个相对的隐喻，却从根本上构成了柏拉图和亚里士多德哲学的迥异。柏拉图认为真实即事物的本质来自观念，是一种理念形式，这是理想主义的主张；而亚里士多德认为真实取决于现实世界，人们的思想源自世界的本质，本质仅存在于具有本质的实体对象之中，这是实在主义的主张。然而，二者都没有把世界与心智隔开，差别仅在于一个认为世界的形成来自观念，另一个认为观念的形成来自世界。他们的观点被后人称为存在之所以存在的科学，从中可清晰地看到隐喻构成了古希腊的知识论，并且一直指导着此后的科学与哲学思想。

笛卡尔（Rene Descartes）冲破了观念及其与对象本质之间的密切联系，提出了心智与知识的一致观。他主张心智必然了解自身观念，思考是有意识的，心智结构是自身建立的，并且是建立在确定的知识基础上，并不需要实证研究，心智是由精神物质组成的无实体，而身体是由物理物质组成的，只有人类理性的能力才涉及本质，想象和情感是非理性的、肉身的，不属于人性本质，观念源于对外在对象的知觉，是表征外在现实的，人们的其他固有观念是与生俱来的、离身的。[①] 这些启蒙运动的心智概念组成了心智本质的核心内容，直接导致了第一代认知科学的形成，也成了当代心智哲学的常识。同时可看出，心智本质也是隐喻性的，并且是我们日常生活中十分常见的隐喻。而后启蒙运动道德理论的著名成就，即康德（Immanuel Kant）提出的道德理论，就是建立在启蒙运动的心智理论之上。康德认为"道德是严父道德"，他同样运用了理性隐喻的普通模

---

① Rene Descartes, "Rules for the Direction of the Understanding", in Haldane E. S. and Ross G. R. T. eds., *The Philosophical Works of Descartes*, Vol. 2, Reprint, Cambridge University Press, 1970.

式及哲学理论传统中共有的民俗说法，增加了道德理论的系统性和独创性。① 他自认为其道德理论是"纯粹理性道德理论"的原型，从康德的道德主体观到美德概念说都充满了不能再简化的隐喻，因而他所声称的那种来自超验的、普遍的和纯粹字面意义上的实践理性的道德论证终究是要被抛弃的。

  同时，莱考夫分析了当代哲学理论中具有重大影响力的三个基本假设。首先是主流解析哲学，包括基于数理逻辑的形式主义哲学和日常语言哲学。他对其主流观点的假设和动机进行分类，发现无论是从语言形式还是语义上看，它们都是隐喻的或是隐喻的变体，而解析哲学却始终是否定概念隐喻和亲身意义存在的。其次，从批判和分析的角度审视了乔姆斯基（A. N. Chomsky）生成语言学的哲学假设及"自然语言即形式语言"的隐喻，发现乔姆斯基哲学承袭了笛卡尔哲学和形式主义哲学二者的失误，同时乔姆斯基语言学成为预先臆断其科学结果的先验哲学的完美例证。而后，莱考夫对理性行为理论进行了批判性审查，传统理性观认为理性思维是按照字面意义的、逻辑的、有意识的、超验的、不带情感的思维，实际上日常人类理性根本不符合传统理性观。综上，针对西方哲学史中世界本质、语言、心智和道德等观点案例的研究，莱考夫认为所有现存的哲学思想及理论在本质上都是隐喻的，也必然是隐喻的；隐喻性思维通过概念系统的表达界定了本元，使各个哲学理论的逻辑相统一，因而隐喻性思维无处不在；人们日常思想是通过隐喻方式表达的，哲学思想和理论同样是运用了隐喻性的概念资源，是隐喻使得理性哲学的理论成为可能。

---

① George Lakoff, *Moral Politics: What Conservatives Know That Liberals Don't*, Chicago: University of Chicago Press, 1996.

第二节 亲身哲学的认知科学基础

通过剖析西方哲学的发展历程，莱考夫汲取其中关于认知科学形成的宝贵经验，他认为第二代认知科学为哲学研究提供了实证的可靠的方法论，其亲身性思想可以为重新审视哲学基本问题开辟新的思想路径。莱考夫进而对时间、事件与原因、心智、自我和道德等基本抽象观念进行分析，并对哲学理论运作需要依靠共享的概念隐喻进行了深入探讨，为充分诠释亲身哲学思想树立了理论起点。

一 认知科学的基本哲学概念

哲学探究就是对认知机制的探究，要求人们事先理解其中的概念系统。莱考夫所讨论的存在于任何人认知无意识中的概念，与柏拉图的"善良"、康德的"道德自治"等哲学家有意识建构的概念不同，这些基本概念都是隐喻性的，是通过多种不同的隐喻方式由概念隐喻充实并具体化的。这些概念不是单纯字面上的解释，不是单一的总体上一致性结构的整体，而是多个隐喻的拼缀、集合和概念化。它们不是纯粹抽象的，而是基于身体经验的。知识本身是由隐喻构成的，哲学概念陈述真相，人类用于理解世界和思考世界的大多数基本概念不完全一致，而是多样化的，这些与哲学探究息息相关。

（一）时间

人们对时间的认识是无意识的，由此才会概念化时间和推定时间。莱考夫探究的时间并非日常概念系统的一部分，所指的时间是概念系统中丰富而复杂的时间观念。概念化是通过隐喻而实现概念化，而不是自身加以概念化。虽然对时间的理解尚未完全解析，但与反映运动、空间和事件的其他概念有关的探究，使时间概念逐渐清晰化。但如果没有隐喻，时间概念化实际上是不可能的。时间是一个基本概念，存在于我们的概念系统中，具有空间性和运动性，比如英语时间概念系统中有当前，也有面向未来和背向过去。莱考夫使用常用的空间图式对运动空间隐喻进行了实证说明，以大量实例说明了时间隐喻源于人类在这个世界上最常见的亲身经验，比如来自我们的运动状况，这里的运动状况含有字面意义上的相关性，它们是时间定向、运动时间和运动观察者隐喻的经验基础。这样就构建了时间和事件关系的概念化方式，构建了人类经历时间的方式，也构建了人类理解所经历的常识的一部分。这样的结论对哲学有着非常重要的影响，根据常识理解，事件发生在时间中，时间肯定先于事件存在，并只能借助事件被测量。

关于对时间隐喻的效用分析，莱考夫把概念隐喻看作智力的核心工具之一，作为抽象推论的主要手段，把具体域的推论结构应用在抽象域中，这对时间和任何抽象域都适用。① 比如，要想感受体验现在就必须把过去和未来概念化。不用隐喻似乎不能把时间概念化，也就无法谈论时间，这些概念化是人类理解时间概念的重要组成部分。同时，时间不能独立于心智而存在，时间构建了人们的真实经验。时间概念在认知上是由两个过程塑造的：基于事件的关联，存在一个转喻过程，基于运动和资源，存在一个隐喻过程。事件和运动比时间更为基本，时间概念凭借界定时间的事件以获得其内在结构，实现这一过程的认知机制是转喻，即通过事件来界定时间，把事件的定向性、不可逆性、持续性、可分割性和可测量性，全部都赋予时间。隐喻认知机制则允许人们利用空间运

---

① [美]乔治·莱考夫、马克·约翰逊：《肉身哲学：亲身心智及其向西方思想的挑战》，李葆嘉等译，世界图书出版公司2018版，第156页。

动的经验，以便把与之关联的事件域概念化，这才有了时间的隐喻概念化。

(二) 事件与原因

传统客观主义观念认为，无论如何概念化，原因就是原因。反过来，被概念化的原因也不能成为原因。莱考夫阐述原因和事件的方法与阐述时间的方法类似，都不是独立于心智之外的现实反映。从根本上来说，这些都是以经验为基础的来自人类生物学的人类概念，是无法摆脱隐喻性的。他用了大量证据展现了事件和原因隐喻系统的复杂性，说明了原因与事件不可分割。把概念化的原因施加于某物，产生了施力效果，因果关系取决于这种力的种类，进而产生不同的因果关系逻辑。隐喻可以把因果关系和变化加以概念化。因果关系和变化具有丰富的复杂性，这种复杂性引出了较为重要的哲学结论——隐喻的合成都是自然的。在莱考夫看来，推论可以概念化成原因。据此，为达到某一目的时，要采取的行动与结果之间具有因果关系。例如，一个基本隐喻"因果关系即达到某一目的的行动"，使得目的论更清晰化，人们会更理解目的论的实质，即世界上存在目的的基础。鉴于因果关系是一个多价的、具有内在隐喻含义的辐射状结构，莱考夫得出结论，不存在唯一真实的因果关系，因果关系反映的是纷繁复杂的关系。基于亲身体验来描述真实的经验主义，则可以获得完美的合情合理的因果关系观。

(三) 心智

不通过隐喻及概念化方式来描述心智，那么对心智的任何认知与讨论都是不可能的。心智的隐喻系统广泛到不能全面描述，英美解析哲学对心智的界定，如"心智如身体""思考如运动""思想如操纵物体""思想如语言""思维即数学计算""心智如机器"

等，均未离开隐喻蕴涵。① 而心智并不是字面意义上的思考、感知、想象、相信及推论的肤浅的内容，而是亲身的由人类大脑、身体及其与外部世界互动的本性构成的。不存在身与体相分离的人类心智，更不存在独立于大脑和身体之外的客观思维。我们凭借概念隐喻得以将心智概念化，塑造了心灵行为，对此人们的理解不但依据移动、视觉、操作等身体基础，同时也依据制作、交际、生产等其他活动。隐喻所蕴藏的才是心智的最核心性能，也就是亲身特性。心智和身体不可二分，身体的能力和性能建构了人们的意识，决定着人们对出现的情况做出建设性和创造性的反应。心智并非神秘的抽象实体，是人类特有结构的一部分，是人们与外部世界交互作用的构造物。

（四）自我

人类对心智的探究也是对自我的探究。自我的探究与内心体验（inner lives）结构有关，由于人们拥有内部不同结构的概念系统，因而内心体验无法用单独的、始终如一的方式完全概念化。内心体验的丰富隐喻概念与人们日常基本经验密切相关，主要围绕这四种相关性：身体控制与有形事物控制之间的相关性；人们所处的正常环境与所体验的控制感觉之间的相关性；周围人评价我们和他人行为与我们评价自身行为之间的相关性；我们自己的体验与我们设想自己投射于他人方式之间的相关性。莱考夫仍以概念隐喻为主要分析工具，从主体与自我、物质客体的自我、不同的自我等多角度审视了内心体验的结构。当人们从现象学角度体验内心感受时，隐喻所表达的方式与人们内心体验结构相符合，显示出人们如何进行推论。把自我在现象学上的体验加以概念化的模式并不意味着这些结

---

① ［美］乔治·莱考夫、马克·约翰逊：《肉身哲学：亲身心智及其向西方思想的挑战》，李葆嘉等译，世界图书出版公司2018年版，第267—268页。

构在本体论上就是符合实际的,也就说有些隐喻会相互抵触,不存在与我们内心体验一致性的结构。是隐喻适合于预先存在的定性体验,还是定性体验来自人们的行为加以概念化的隐喻,这可能就涉及隐喻映射中的激活次序,即喻源域和目标域之间的神经联结激活问题,答案并不好确定。

(五)道德

道德是关于人类康乐的观念。认知语义学为道德概念及其运作机制提供了详细而全面的分析手段,经过一系列的实证研究表明,所有抽象的道德观念都是通过隐喻方式建构的。莱考夫探讨了关于道德的具体隐喻,例如"康乐即财富"与"道德利己主义",以及涉及道德的力量、道德的权威、道德的秩序、道德的界限、道德的本质、道德的纯洁、道德的移情、道德的养成等相关隐喻结构与蕴涵。[①] 据莱考夫分析,家庭模式是把道德隐喻编织在一起的工具,把道德隐喻整合成一个相对连贯一致的伦理全貌,使得人们靠此生活。他所提到的严父家庭道德和慈亲家庭道德两个家庭基本模式,形成了不同的道德取向,成为理解道德观念的基础。不是所有道德观念都是隐喻的,但我们所熟知的有关道德的抽象概念都是通过隐喻定义的,如公正、义务、权利、正直、力量等。大多数哲学家认为,对于道德的理解,来自认知科学知识的影响甚微,隐喻分析不是澄清道德观念的工具,道德观念的存在与否与隐喻的存在无关。与传统观念中的道德相悖,莱考夫通过对传统道德观点的论述与评判,指出道德不是单一含义,应紧密结合人们所处的社会环境和文化情境来理解,不存在固定的伦理领域。

---

① [美]乔治·莱考夫、马克·约翰逊:《肉身哲学:亲身心智及其向西方思想的挑战》,李葆嘉等译,世界图书出版公司2018年版,第323页。

二 哲学依靠共享的概念隐喻

哲学概念是隐喻性的。从实践的角度来看，虽然做不到用一个详尽的调查来表明人们所有的哲学思想都是由概念隐喻来定义的。但充分的研究结果表明，人们确实是使用隐喻来定义所有的抽象概念，从而定义所有的哲学概念。以"因果关系"这个更基本的形而上学概念作为典型的隐喻定义概念，可以看出隐喻处于一切科学的核心，在我们民间的世界理论中，其影响无处不在，它是每一种存在论的哲学关键。第一个关于人们因果感受的次认知语言学隐喻分析的研究意义是惊人的。大多数哲学家都认为科学是一种高级的知识形式，部分原因是它能够对事件进行因果解释。哲学家们把"原因"当作客观的力量或实体，认为基本上存在着一种自然的因果关系（如"x 引起 y"和"y 的原因是 x"这样的表达）。而在认知语言学中，对因果概念的研究起源于人们对事件概念化的研究。第一个突出的概念隐喻涉及对状态变化的理解，即从一个位置到另一个位置的（隐喻的）运动。对全部隐喻的分析可以沿着类似的路线继续下去。莱考夫和约翰逊总结了近 20 个不同的因果隐喻的映射和蕴涵，展示了它们中的几个在不同的科学范畴中是如何使用的，从而得出一些关键的哲学观点：第一，一个恰当的哲学分析（在这种情况下，因果关系概念）必须提倡推广用以解释术语语义的精确细节，并且必须解释对这些概念做出的推论。共同构成隐喻的子映射提供了每个因果概念的语义和推断结构的细节。第二，研究中所有基本因果关系概念都是隐喻性的。第三，似乎有一种人们称为"字面骨架"的概念被所有概念所共享，也就是说，原因是一种情况中的决定性因素。然而，这个骨架还远远不足以在科学领域产生任何严肃的因果推理。正是这些隐喻产生了相关的概念结构，并限制了适当的因果推论。第四，一些主要的因果关系隐喻是相互矛盾的。

换句话说，有些重要的隐喻具有不兼容的本体论。第五，因果关系是一个巨大的放射状的轨迹。这个范畴的中心是最接近文字概念的东西，类似于物理力对一个物体的作用，从而导致其状态或位置的改变。① 由此，通过"因果关系"的哲学概念分析，我们可以看到哲学概念是隐喻性的。

事实上，所有的抽象概念似乎都是由多重结构组成的，通常是具有复杂结构的一致的概念隐喻。那么哲学理论就并非关于现实的基本文学真理的系统，而是对支持推论和推理形式的特殊复杂的一系列隐喻的详细阐述。以这种人性化方式理解哲学并不贬低哲学的价值，相反它揭示了人们为何会建构哲学，解释了这些哲学理论如何能够理解和阅释经验，并进一步追溯了它们如何深刻地影响人们的生活。莱考夫概念隐喻思想及其哲学观认为，哲学理论是建立在一系列相互交织的隐喻基础上的，这些隐喻在人们的文化中大多是无意识的。这不是批评一个哲学或科学理论以显示其中的隐喻所在，而是证明正是这些隐喻使得哲学理论能够得以更好地表述人们的经验。所有的理论都是以隐喻为基础的，因为所有的抽象概念都是隐喻性的。理解隐喻的构成性可以使人们理解哲学理论的逻辑和蕴涵，因此我们将发现支撑人们哲学理论的各种常见隐喻大量存在，从前苏格拉底学派的存在和自我概念，到中世纪神学中关于上帝的观点，到笛卡尔的心灵学说，直到 21 世纪的认知神经计算理论。

哲学依靠共享的概念隐喻。哲学家们使用了同其他人一样的认知资源和常见隐喻概念进行思考和推理，形成了具有特色的各派哲

---

① George Lakoff, "The Neural theory of metaphor", in Raymond W. Gibbs, Jr. eds., *The Cambridge Handbook of Metaphor and Thought*, Cambridge: Cambridge University Press, 2008, pp. 17–38.

学思想。这些共享的隐喻与转喻，寓于人们的认知无意识之中，自然地贯穿于哲学家工作的主体，使哲学不仅成为概念和主张的文字集合，更成为统一的理论，成为人类整个文化和传统的共享属性。这些共享的概念隐喻的映射既定了全部哲学家论证的共同推理模式，揭示了联结哲学家关键学说的普遍原理。由于基本隐喻早已深植于人们的认知无意识，并在人类的文化传承中被广泛共享，因而人们常常会认为哲学理论是直觉的高深想象，一旦其理论与民俗说法的概念隐喻协调一致，人们就会发生共鸣。正是对平常的且根深蒂固的隐喻性概念资源的非凡使用，哲学才不断显示出创新性和综合性，使人们可以领悟到观念汇聚的途径，显示人们经验之中、不同方面新鲜系统的联结关系。反之，这一过程也扩展了概念隐喻的结构及其想象力，以应对人们生活中的新情况和新问题。

第三节 亲身哲学的理论建构

基于概念隐喻思想和第二代认知科学理论视角的亲身哲学，致力于追寻生命价值的中心问题，包括对人类自我认知、心智的运作、人类对世界的改变及理性的判定等，通过深刻论述经验与哲学、人类与本性、进化与自利、心智与精神的实质及联系，呈现了亲身哲学的意蕴内涵。亲身哲学的提出具有重要的现实意义，表现在为哲学发展创新了理论视角和方法论，为人类实践提供了科学的心智哲学指导。

一 亲身哲学的意蕴内涵

莱考夫将亲身哲学界定为以经验为核心的哲学，旨在与离身的先验哲学形成鲜明对比，这进一步体现出其重视直接经验和实际感知的独特立场。这种亲身哲学是一种实证可靠的哲学，它可以有效推动哲学与认知科学之间的深入互鉴，从而极大地丰富双方的研究内容，并为人类心智哲学的发展提供了一条富有启示性的可借鉴之路。人类要想更好地了解认知自我并深刻理解人的价值的意义，必须经历从离身心智到亲身心智的认知转向。也正是为了更明晰这样的基本哲学问题，莱考夫亲身哲学思想主要回应了三个关键问题：人是什么，什么是进化，心智的亲身性意味着什么。①

第一，关于亲身性的"人"的概念的辩驳。西方传统观念中对"人"的思考是一种离身的理性思考，对客观世界的认识可理解为世界上必然存在着独立于人类心智、大脑和身体的独特范畴结构。为了描绘世界理性结构的特性，人们使用普遍概念来表述世界的客观范畴特征，形成了普遍理性，概念和理性自然也是离身存在的。人的大脑可以进行推理，但推理结构却被普遍理性所界定，因而人类理性是其心智运用普遍理性的能力体现。人们通过普遍理性和普遍概念获得的关于世界的知识即客观知识，人类之所以区别于其他动物，其本质是人类有着利用普遍理性的能力。人的官能，包括身体、动作，还有心理官能，如知觉、感觉、情绪等都是独立于人的身体能力而存在的，因为人类理性是离身性的。根据西方传统观念的离身性"人"的概念理解，则世界上便可存在彻底自由的意志，因为人类理性不受身体束缚与制约，意志则可以超越感觉、欲望、情绪等身体的影响。因而理性是有意识的，不然无意识就会约束人们的行为，意志将不再彻底自由。普遍理性的存在决定了普遍道德的客观存在，道德既是客观的，也是理性的，在任何一种情境下都有绝对的正误之分，这是绝对的道德法则决定的。道德法则基于普

---

① [美]乔治·莱考夫、马克·约翰逊：《肉身哲学：亲身心智及其向西方思想的挑战》，李葆嘉等译，世界图书出版公司2018年版，第578页。

遍原理体系，产生了关于道德的普遍概念，如"善良"。西方传统观念对"人"的解读从客观世界、人类本性、人类理性、自由意志到客观道德，无处不凸显着身体与精神二分的哲学思想，十分强调纯粹的客观存在之意，充满了对独立于人类的物理世界和物理规律的狭隘崇拜。这种离身性"人"的概念解析忽视了作为一个真实的人，既不是心智与身体分离的人，所拥有的也不是具有普遍理性的或唯一的字面意义的概念体系，更不具有如一不变的世界观及彻底的自由。

相较于西方传统观念，亲身哲学对"人"的概念理解是亲身性的，主张人类具有亲身的理性、有限的自由、亲身的道德和超越本质先于存在的人类本性。亲身的理性表现于最基本的亲身性概念，人们的概念体系是由知觉系统和肌动系统所塑造的，所以只有通过人的身体才能进行概念化。由身体塑造的概念使得人们可以理解和认识外部世界、自身及他人或他物，利用感觉、知觉、想象、肌动系统来接触生态环境现实，描绘日常生活中的各种功能特征，形成基本层次概念。理性的亲身性表现在理性推论的大多数形式是关于感觉运动的推论实例，真理和知识的亲身性表现在由于人们观念存在于无意识认知的概念体系之中，因而真理和知识取决于亲身性理解。而以上这些都源于心智的亲身性，因为概念及理性都需要利用感觉运动系统，心智是无法从身体中脱离而独立存在的。由此，彻底打破了西方传统观念中"人"的概念本质。亲身哲学认为自由是有限的，亲身性意志不能超越身体的束缚，因为人们的大部分思想处于知觉层面以下，具有无意识理性，人们大多数思考和概念化的过程是自动的和无意识的，概念的改变相当缓慢而困难。关于人的道德，亲身哲学认为不存在客观的固定标准的道德概念，只有基于人们对康乐和家庭经验的隐喻式道德，并且由于人们所处的社会环境与道德体系的不同，人类道德是多元化的，有存在互不一致的可能。关于人类本性，认知科学、神经科学和生物学都从不同的视角和方法给予论证，新的哲学观点表明人类本性的特征并不依赖于关于本质的传统理论，随着外界环境和文化情境的改变，人类本性的一部分是可以变化和改变的。这是一系列新的关于"人"的观点，这些观点建立在隐喻的理性之上。隐喻是理性的，体现在概念隐喻允许应用感觉运动进行推理，这一机制形成抽象理性，基本隐喻激活了人们大脑中的神经联结，使感觉运动推理构成主观经验和判断的概念化，人们拥有多重的概念体系和互不一致的概念结构。综上，亲身哲学关于"人"的理解明显区别于西方传统观念，对人类经验给予了强烈关注，体现了人本质的亲身性特征，更加注重人与客观世界的交互作用，以及其所形成的变化的认知复杂性。

第二，关于进化论的隐喻曲解与正解。莱考夫之所以探讨进化论主题，是因为进化论通过隐喻理解建构的人类理性被大多数人理解为利己主义观念的自然来源，甚至被理所当然地引入至道德理论层面，成为利己主义和利他主义之争的道德理论建构之关键。在民俗进化论中，为了生存和繁衍去竞争是自然之事。通过隐喻的方式，人们将其扩展为"通过竞争追求自我利益的合乎自然性"，并在社会文化中广泛应用于自由市场经济运作、教育改革、司法裁判基础及国际关系行为等，使得多领域的社会秩序都依据自我利益的竞争规则，将此视为最佳支配方式，反之则违背道德。亲身哲学反对这一观点及民俗说法的应用，明确指出其实质性错误，即包含在民俗说法中的进化观是基于对进化论误解的隐喻，这种自我利益的观点在经验上是错误的。在西方传统观念中，达尔文的进化论被广泛理解为符合人们本性的个人利益最大化观点，理性的人总是趋利避害、趋乐避苦的，最大化个人利益是合理的。这种合理性被定义为人的本性，功利主义正是以这一人类本性观为预设，建构了基于此想法的乌托邦的道德体系。而进化论就其本身而言是对物种如何适应生态环境而存活下来的描述，这里的"适应"被部分人以隐喻方式误导为"为了有限资源的竞争性斗争"，只有自我利益最大化才能获得成功和幸福，这便形成了社会达尔文主义的人类理性。人类合理性观念中根深蒂固的自我利益最大化就是在这样的功利主义和社会达尔文主义思想的结合下产生的。

　　亲身哲学认为，利己主义和利他主义之间的道德冲突是含混不清的，因为关于合理行为的理性想法从经验上是错误的，问题出在人们通过隐喻形式所产生的曲解意义。进化生物学理论被大众心智以"严父"隐喻和"适应生态区位的幸存者"理解方式，通过隐喻变成了"进化即优胜者幸存"，也就是"天然变化即进化"，这两个隐喻的结合又形成了优胜结果的复合隐喻"天然变化即优胜者幸存"。在隐喻的启发下，人们开始深入探讨并加强了对进化过程中人为结构化形式的理解，诸如"通过市场促使竞争法则""无论何时都需要竞争法则"等结论。市场功能类似于进化的理念就是基于"进化即优胜者幸存"的隐喻，而真正的进化是一个自然过程，并不是依靠政府和法律的强制行为来生成。这种曲解的产生正是人们所忽视的问题，这些观点来自以上那些隐喻，如果将"严父"隐喻改为"慈亲道德"的视角，以"进化是最优养育的幸存"代替"进化即优胜者幸存"，则会产生一个截然不同的复合隐喻，即"天然变化即最优培养的幸存"。"最优培养的幸存者"和"最优竞争的幸存者"都是隐喻，并都是进化的两个观念，却产生了相悖的道德理论。因而，莱考夫认为，进化产生"优胜"的结果本身就不是真实的，而只是一个没有事实基础的民俗说法。亲身哲学向人们揭示了传统观念中错误观点的产生根源，认知无意识和隐喻思维使人们认识并理解了"亲身"意义和"精神体验"，是认知科学让人们对这些深刻的认知层面问题产生了正解。

第三,关于我们能够成为我们的心智哲学。被人们广泛接受的离身心智基于西方传统观念中的心智离身性概念化和日常隐喻体系表达中人们对身体器官的感知忽视。人们常常不会关注视觉、听觉、嗅觉、触觉本身,而更多关注通过它们所感知到的事物,这便造成一种带有惯性的错觉,那就是"心智行为独立于被忽视的身体"①。人们不断形成不易改变的现象经验,随之强化了这种离身性"主体"的错觉,而实质上,即便是关于离身心智或"主体"的概念也都是从人们亲身经验中升华而来的。在西方不同宗教传统中,离身心智又被进一步概念化为具体的广为人知的"灵魂"或"精神",在世界各地不同文化传承的思想中,通过隐喻方式得到扩展,"意识""意志""理性""主观经验""人的本质"等经过持续的概念化过程而产生。之所以"灵魂"或"精神"常常在人们的传统思想中具有亲身或躯壳形状,是因为受普遍亲身经验的影响,所以在世界各地类似的概念总会自发地产生。亲身哲学反对这种虚构的不可能存在的"心智"与"灵魂",反对基于灵魂转世和轮回的宗教传统,反对将人类本质看作世界之外的离身性"灵魂",认为这种精神漠视了人类本身与外部世界,忽视了自然环境、亲身经验及其之间的密切关系。

亲身哲学认为,心智与精神都是亲身性的。亲身心智依赖人类身体基础,并同时是鲜活身体的组成部分,心智性能不是纯粹脑力,而是通过大脑与身体及日常活动功能的作用而生成的。人类的身体与自身移动、操作、接触、感知、呼吸等密不可分,亲身心智具有肉身实存性,是这个世界的物质性的一部分。心智是物质的,同时也是情感的、社会的,心智拥有文化和历史,可以存在文明并不断成长和发展。心智既是人类无意识的产物,又具有有意识的特

---

① Drew Leder, *The absent body*, Chicago: University of Chicago Press, 1990, pp. 30.

征，是心智使得人们能够成为自己，具有自我的特征。心智的概念体系有限，因人而异的经验与文化积淀使得心智可以存在许多已知的和尚未概念化的认知，等待人们去探索和理解，经过概念体系的扩展，心智使得人们获得创新的理解和意义。亲身心智的主要功能是移情，这是一种可以模仿、体验、富有想象的投射能力，是人类极其重要的认知官能，有时被称为"灵性体验"，人们通过沉思冥想、移情投射等多种技艺与认知能力提高自身的存在感。通过移情投射，人们了解所生存的生态环境，理解自身与生态环境的相互归属及相互依存，通过身体分享大自然，亲身精神即一种生态精神。亲身精神使得人们认识到自身与大地、空气、海洋、山川、动物、植物和谐共生、息息相关，认识到生态自然的重要性，这些都非人类所能企及。亲身精神甚于精神历程，这就是物质世界的伦理关系。[1] 人们借助移情、养育把精神联结至道德，人们意识到有责任关心自身的心智，这种道德态度对人们自身、社会和世界都是积极的。身体和精神不可分割，精神化成情感才使得身体体验到热情、快乐、欲望、痛苦等感受，而精神化成情感的机制正是隐喻。通过隐喻方式，日常经验的生动、力度、价值变成了人类灵性体验的基础，使得人们有能力去感知、感觉、想象、体验，促进了人们的理性思考和哲学反思，升华了人们的心灵经验。关于心智与大脑的认知科学赋予了人们认知自我、了解自身存在的方法，亲身哲学使得我们成为我们自己。

二 亲身哲学的现实意义

莱考夫亲身哲学基于概念隐喻思想和第二代认知科学理论视

---

[1] David Abram, *The Spell of The Sensuous: Perception and Language in a More Than Human World*, New York: Pantheon, 1996.

角，致力于追寻人类生命价值的中心问题，力求反驳并解答人类意指何物、知识何以获取、道德源于何处等以往西方哲学存在谬误的基本问题，具有极强的哲学现实意义。首先，亲身哲学为哲学发展创新了理论视角和方法论。面对长久以来传统哲学观念，尤其是客观主义对人们思想的深刻影响与束缚，尽管哲学家们秉持批判与革新的精神，不断审视和反思千百年来的哲学沉淀，然而，在缺乏确凿证据的情况下，他们似乎难以有效反驳，更无法撼动传统观念理论体系的潜在误区。人们很难放弃客观主义的知识理论，拒绝客观主义的元物理学和认识论，摒弃经典的真理符应论。而亲身哲学的建立，使得人们对最基本的认知概念的重新思考浮出水面，从语言这个与人类身体、心智密不可分的交际载体入手，以概念隐喻及其哲学思想撬开了新的人类认知科学的大门，使得客观主义不得不重新思考其逻辑起点的真实与否。与此形成鲜明对比的是，一旦人们理解了概念隐喻如何处于抽象概念化和意识形成的核心，人们就会获得一套新的工具和新的方法论，以新的视角来分析、解释和批判哲学智慧理论。哲学是建立在概念隐喻之上的，人们可以通过概念隐喻和亲身哲学了解创始隐喻是什么，以及它们是如何工作的，也可以分析其他文化和哲学体系。通过亲身哲学，人们可以对世界、自身、哲学进行更加科学的批判性评价，可以创造性地发展新的哲学思想，帮助人们处理日常生活中遇到的问题。

其次，亲身哲学为人类实践提供心智哲学指导。西方传统观念中对于离身性的人类的理性、心智、精神、真理等常保持绝对性崇拜，很多客观主义观点的误导使人们在日常生活、生产实践中产生了错误观念。在科学技术迅猛发展的今天，人们对科技的过度依赖致使工具理性主义有所膨胀。在世界各国各社会领域，人们不同程度地追求着物质利益的最大化和经济至上、科技至上的价值目标，忽视了对人自身的理解和关注，缺少由亲身理性所产生的人本精神。在生活、生产实践中常常表现出的过度开发、利用资源、过度消费与消耗，挑战着我们赖以生存的世界。这些直接或间接地导致了资源枯竭、生态紊乱、道德崩塌、疾病增加甚至战争爆发等严重后果，为人类自身带来不小的灾难。哲学作为引导人们心智、指导人们实践、培养人们正确认识世界及自身的理性经验，可以帮助人们审视自己的观点，并进行批判性反省，对自身行为做出改变。亲身哲学主张对客观世界、人类心智及自身的亲身性理解，使人类理性了解其自身，使哲学现实得到充分的自我批判，成为实证的可靠哲学。亲身哲学指导人们尊重实在世界的同时，更注重从人的角度给予自然环境、人类本身、人类社会的亲身性理解，关注人类与外部世界交互作用所产生的改变。亲身哲学可以培养人们更加全面本质地看待问题，以联系的、动态的观点审视历史和预见未来，用亲身性认知科学的理论指导人们的生活实践。

结　　语

　　莱考夫的概念隐喻研究及其哲学思想的建立是一种多学科跨领域的研究挑战，其反思性的哲学审思，是莱考夫概念隐喻思想的结晶，这充分体现了他在语言学、哲学、认知科学等诸多领域的造诣与学术影响。从莱考夫隐喻理论的发展过程看，概念隐喻是他从语言学走向哲学和认知科学的思想源泉和理论基础，使得莱考夫在世界认知语言学研究中占有重要地位。概念隐喻不仅从认识论角度改变了人们对隐喻的理解和对世界的认知，更从方法论层面给予人们应用概念隐喻积极创造生活新蕴涵与美好新世界的方法。莱考夫汲取了西方传统隐喻理论的有益成果，形成了概念隐喻理论，对隐喻本质有了重新认识。首次提出隐喻是人类生存的基本方式和思维的重要手段，形成了概念隐喻的独特内涵与分类，展现了概念隐喻系统性、连贯性和亲身性的鲜明特点，从隐喻映射、意象图式及神经科学的视角诠释了概念隐喻特殊的工作机制。

　　概念隐喻以亲身性视角直指人类感知、思维、语言和行动之间的本质联系，以及心智与理性何来的认知科学观与基本哲学问题，试图挑战西方传统隐喻思想和哲学理论的桎梏，拓展了第二代认知科学理论与实践的研究范围。在莱考夫隐喻理论的建构中，范畴及范畴化研究的成果是概念隐喻思想的理论延伸，且是哲学探讨中最系统完整的。莱考夫在经典范畴理论的继承和批判基础上，以经验主义思想对范畴进行了重构，形成了辐射状范畴和亲身性隐喻范畴化思想。

随着概念隐喻理论范畴化研究的持续深入，莱考夫对认知语言学的探讨逐步拓宽，同时对哲学的思考也逐渐铺展开来，展现出了一个多元的研究格局。他的隐喻解读与传统西方哲学思想相异，其将概念隐喻置于人类生活的认知领域进行知识与科学的探索。他认为概念隐喻不仅是一种认知思维方式和手段，更是无所不在且不可避免地引导着人们的思想意识和生活实践，凸显了在人类心智中的重要地位。莱考夫认知主义对哲学基本问题的探究，尤其是对真理的审思，都是其概念隐喻思想的扩展。他批判了纯粹客观主义和主观主义的真理观，形成了独立于客观主义和主观主义的另一思想建构，即新的经验主义真理观，阐述了真理取决于人类理解的概念隐喻思想的真理本质。

莱考夫基于概念隐喻思想而形成的认知无意识、心智亲身性、隐喻性思维等发现使得隐喻成为解释和建构人类语言、认知和思维的必要工具，也使得人们深刻认识到认知科学对探究哲学核心问题的重要性。莱考夫和约翰逊总结了西方哲学中认知科学的发展与束缚，汲取与借鉴有益之处，对认知科学基本哲学概念进行了重新审视，提出了亲身哲学思想，丰富了概念隐喻的亲身哲学蕴涵。莱考夫将亲身哲学界定为以经验为主的哲学，意在区别于离身的先验哲学。亲身哲学思想主要回应了三个关键问题：人是什么，什么是进化，心智的亲身性意味着什么。这种亲身哲学以其实证可靠性，为哲学与认知科学之间的对话提供了有力支撑，促进了两者之间的丰富交流。它不仅拓宽了哲学的研究领域，也为人类心智哲学的发展开辟了一条可借鉴的崭新路径，有助于我们理解和探索心智的奥秘。

通过对莱考夫原著、译著及文献的解读与分析，本书认为莱考夫概念隐喻思想虽然是建立在对西方传统隐喻理论及传统哲学思想批判的基础上，但同时他也极大地借鉴和吸收了传统理论中的有益成果和智慧精髓，在其理论的发展过程中展现出开放而多元的研究视野。在对莱考夫概念隐喻思想兴起、发展过程、产生影响的系统性梳理、阐释和理性分析后发现，发端于概念隐喻的范畴重构研究、概念隐喻真理观和亲身哲学思想等看似独立的理论内容已呈现出系统的整体性框架。

另外，本书以概念隐喻为核心和发展基础，系统剖析了概念系统的隐喻性、范畴的隐喻性、真理的隐喻性和哲学的隐喻性。对范畴化的亲身性、真实的亲身性和哲学的亲身性进行了连贯性阐述，以动态、连续的视角归纳和总结了莱考夫概念隐喻的范畴观、真理观及亲身哲学的本质及意义。这不同于以往研究中或是针对概念隐喻思想的部分内容进行专题性研究，或是对莱考夫隐喻理论进行语言学分析，或是对莱考夫概念隐喻相关研究进行简单引介评价。因此，本书的撰写目的是尝试构建莱考夫概念隐喻思想的相对完整的研究框架，呈现较为系统的理论体系，扩展已有研究对莱考夫概念隐喻思想的哲学理解。希望能够在相关方面给予其他研究者一些启示。

需要说明的是，尽管莱考夫概念隐喻思想理论在语言学、哲学、认知科学等多领域取得了令人瞩目的成就，产生重大影响，但其概念隐喻思想及其哲学蕴涵并未形成一个系统完整的理论体系。在本书写作过程中，由于莱考夫概念隐喻相关研究多集中于20世纪末，近年来其相关研究的权威资料较少，为研究思考带来了一定困难。同时，莱考夫概念隐喻思想与众多学科领域的交叉研究范围较为广泛，这也为其思想梳理和哲学意义的探究增添了研究难度。再有，由于本人在哲学研究上的学术能力不足以及思维认知上的局限，对于莱考夫概念隐喻思想研究部分内容的理解和论证仍不够深入，例如对于亲身哲学的内涵理解与本质揭示不够深刻，其哲学蕴涵的论证不够丰富等。本人热切地期望在今后的研究路程中，能够持续并深入地挖掘探讨，对概念隐喻相关内容有更深层次的理解和洞见。

参考文献

A．普通图书

胡壮麟：《认知隐喻学》，北京大学出版社2004年版。

蓝纯：《从认知角度看汉语和英语的空间隐喻》，外语教学与研究出版社2003年版。

李福印编著：《认知语言学概论》，北京大学出版社2008年版。

束定芳：《隐喻学研究》，上海外语教育出版社2000年版。

谢之君编著：《隐喻认知功能探索》，复旦大学出版社2007年版。

赵艳芳编著：《认知语言学概论》，上海外语教育出版社2001年版。

［古希腊］亚里士多德：《诗学》，陈中梅译，商务印书馆1998年版。

［美］A. P. 马蒂尼奇：《语言哲学》，牟博、杨音莱、韩林合等译，商务印书馆2006年版。

［美］乔治·莱考夫：《乔治·莱考夫认知语言学十讲》，外语教学与研究出版社2007年版。

［美］乔治·莱考夫：《女人、火与危险事物：范畴显示的心智》（全二册），李葆嘉、章婷、邱雪玫译，世界图书出版公司2016年版。

［美］乔治·莱考夫、马克·约翰逊：《肉身哲学：亲身心智及其向西方思想的挑战》，李葆嘉等译，世界图书出版公司2018年版。

[美]乔治·莱考夫、马克·约翰逊:《我们赖以生存的隐喻》,何文忠译,浙江大学出版社2015年版。

[英]戴维·E·库珀:《隐喻》,郭桂春、安军译,上海科技教育出版2007年版。

Adele Goldberg, *Conceptual Structure, Discourse, and Language*, Stanford, CA: CSLI Publication, 1996.

Andrew Goatly, *The Language of Metaphors*, Routledge: London & New York, 1997.

Andrew Ortony, *Metaphor and Thought* (2nd Ed.), Cambridge: Cambridge University Press, 1993.

Avram Noam Chomsky, *Knowledge and Language: Its Nature, Origin, and Use*, New York: Praeger Publishers, 1986.

Avram Noam Chomsky, *Language and Mind*, New York: Harcourt Brace Jovanovich Inc, 1968.

A. P. Martinich, *The Philosophy of Language*, Oxford University Press, USA, 1985.

B. 论文集

Alan Cienki and Cornelia Muller, "Metaphor, Gesture and Thought", in Raymond W. Gibbs Jr. ed., *The Cambridge Handbook of Metaphor and Thought*, Cambridge: Cambridge University Press, 2008.

Bipin Indurkhya, *Metaphor and Cognition*, Dordrecht: Kluwer Academic Publishers, 1992.

Brent Berlin, Dennis E. Breedlove and Peter H. Raven, *Principle of Tzeltal Plant Classification*, New York: Academic Press, 1974.

Brent Berlin and Paul Kay, *Basic Color Terms: Their Universality and Evolution*, Berkeley: University of California Press, 1969.

Carl R. Hausman, *Metaphor and Art: Interactionism and Reference in the Verbal and Nonverbal Arts*, Cambridge: CUP, 1989.

Chet Bowers, *The Cultural Dimensions of Educational Computing: Understanding the Non-Neutrality of Technology*, New York: Teachers College Press, 1988.

Christopher Johnson, "The Acquisition of the 'What's X Doing Y?' Construction", in Elizabeth Hughes, Mary Hughes and Annabel Greenhill eds., *Proceeding of the Twenty-First Annual Boston University Conference on Language Development*, Somerville, Mass: Cascadilla Press, 1997.

David Abram, *The Spell of the Sensuous: Perception and Language in a More than Human World*, New York: Pantheon, 1996.

Deanna Kemler, "Questioning the Constraints of the Conduit Metaphor", in Lawrence M. Zbikowski ed., *Conference: Music, Culture, Mind Abstracts*, University of Chicago, 1999.

Dirk Geeraerts, "Vagueness's Puzzles and Polysemy's Vagaries", *Cognitive Linguistics*, Berlin & New York: Mouton de Gruyter, 1993.

Donald Davidson, "*What Metaphor Means*", *Inquires into Truth and Interpretations*, Oxford: Oxford University Press, 1984.

Drew Leder, *The Absent Body*, Chicago: University of Chicago Press, 1990.

Eleanor Rosch, "Principles of Categorization" in E. Rosch & Barbara B. Lloyd eds., *Cognition & Categorization*, Hillsdale/N. J., N. Y.: Lawrence Erlbaum, 1978.

Fillmore Charles, "Towards a Descriptive Framework for Spatial Deixis", in Jarvella R. J and Klein W. eds., *Speech, Place and Action*, London: John Wiley, 1982.

Floyd Lounsbury, "A Formal Account of the Crow-and Omaha-Type Kinship Terminologies", in Ward H. Goodenough ed., *Explorations in Cultural Anthropology*, New York: McGraw-Hill, 1964.

Francisco J. Varela, Evan Thompson and Eleanor Rosch, *The Embodied Mind: Cognitive Science and Human Experience*, Cambridge, MA: MIT Press, 1991.

George Lakoff, "Cognitive Semantics", in U. Eco, M. Santambrogio and P. Violi eds., *Meaning and Mental Representation*, Bloomington: Indiana University Press, 1988.

George Lakoff, "The Contemporary Theory of Metaphor", in Andrew Ortony ed., *Metaphor and Thought*, Chicago: Cambridge University Press, 1993.

George Lakoff, "The Neural Theory of Metaphor" in Raymond W. Gibbs Jr. ed., *The Cambridge Handbook of Metaphor and Thought*, Cambridge: Cambridge University Press, 2008.

George Lakoff, *Metaphors We Live By*, Chicago: The University of Chicago Press, 2003.

George Lakoff, *Moral Politics: How Liberals and Conservatives Think*, Chicago and London: The University of Chicago Press, 2004.

George Lakoff, *Moral Politics: What Conservatives Know That Liberals Don't*, Chicago: University of Chicago Press, 1996.

George Lakoff, *Women, Fire and Dangerous Things: What Categories Reveal about the Mind*, Chicago The University of Chicago Press, 1987.

George Lakoff and Mark Turner, *Where Mathematics Come from: How the Embodied Mind Brings Mathematics into Being*, New York: Basic Books, 2002.

George Lakoff and Rafael Nunez, *More Than Cool Reason: A Field Guide to Poetic Metaphor*, Chicago and London: The University of Chicago Press, 1989.

Gills Fauconnier, "Rethinking Metaphor", in Raymond W. Gibbs, Jr. ed., *The Cambridge Handbook of Metaphor and Thought*, Cambridge: Cambridge University Press, 2008.

Gilles Fauconnier, *Mapping in Thought and Language*, Cambridge: Cambridge University Press, 1997.

Gilles Fauconnier, *Mental Spaces: Aspects of Meaning Construction in Matural Language*, New York: CUP, 1994.

Gilles Fauconnier, *Mental Spaces*, Cambridge: MIT Press, 1985.

Gilles Fauconnier and Mark Turner, *The Way We Think—Conceptual Blending and the Mind's Hidden Complexity*, New York: Basic Books, 2002.

Howard Gardner, *The Mind's New Science: A History of the Cognitive Revolution*, New York: Basic Books, 1985.

Ivor Armstrong Richards, *The Philosophy of Rhetoric*, New York: Oxford University Press, 1936.

James V. Wertsch, *Voices of Mind*, Cambridge: Harvard University Press, 1991.

Jerome Feldman, *From Molecule to Metaphor: A Neural Theory of Language*, Chicago and London: The MIT Press, 2006.

John Austin, *Philosophical Papers*, Oxford: Oxford University Press, 1961.

John Haugeland, *Artificial Intelligence: The Very Idea*, Cambridge, Mass and London: MIT Press, 1985.

Joseph Grady, Sara Taub and Pamela Morgan, "Primitive and Compound Metaphors", in Adele Goldberg ed., *Conceptual Structure, Discourse and Language*, Stanford: CSLU/Cambridge, 1996.

Joseph Grady, Todd Oakley and Srana Coulson, "Blending and Metaphor" in Raymond W. Gibbs Jr. and Gerard Steen eds., *Metaphor in Cognitive Linguistics*, Philadelphia: John Benjamins, 1999.

Ludwig Wittgenstein, *Philosophical Investigations*, New York: Macmillan, 1953.

Maecel Danesi, "Metaphorical Competence in Second Language Acquisition and Second Language Teaching: The Neglected Dimension", in Alatis J. E. ed., *Georgetown University Round Table on Languages and Linguistics*, Washington, D. C.: Georgetown University Press, 1992.

Mark Johnson, *Moral Imagination: Implications of Cognitive Science for Ethics*, Chicago and London: The University of Chicago Press, 1993.

Mark Johnson, *Philosophical Perspective on Metaphor*, Minneapolis: University of Minnesota Press, 1981.

Mark Johnson, *The Body in the Mind: The Bodily Basis of Meaning Imagination, and Reason*, Chicago: University of Chicago Press, 1987.

Mark Turner, *Death Is the Mother of Beauty: Mind, Metaphor, Criticism*, Chicago: University of Chicago, 1987.

Max Black, *Models and Metaphors: Studies in Language and Philosophy*, Ithaca, NY: Cornell University Press, 1962.

Michiel Leezenberg, *Context of Metaphor*, Amsterdam: Elsevier, 2001.

Ning Yu, *The Contemporary Theory of Metaphor, A Perspective from Chinese*, Amsterdam and Philadelphia: Benjamin's, 1998.

Nobert Wiener, *The Human Use of Human Beings: Cybernetics and Society*, New York: Da Capo Press, 1954.

Olaf Jakel, "The Metaphorical Concept of Mind: Mental Activity Is Manipulation", in John R. Taylor and Robert E. MacLaury eds., *Language and the Cognitive Construal of the World*, Berlin: Mouton de Gruyter, 1995.

Paul Ekman, "Universals and Cultural Differences in Facial Expressions of Emotions", in James K. Cole. ed., *Nebraska Symposium on Motivation series*, Lincoln: University of Nebraska Press, 1971.

Peter Denny, "What are Noun Classifiers Good For?", *Chicago Linguistic Society*, Chicago: Chicago Linguistic Society, 1976.

Peter Gardenfors, *Human Communications: What Happens?* Lund University Cogritive Studies, 1995.

Raymond Gibbs, *Metaphor and Cognitive Linguistics*, Philadelphia: Benjamin's North America, 1999.

Raymond Gibbs, *The Cambridge Handbook of Metaphor and Thought*, Cambridge: Cambridge University Press, 2008.

Raymond Gibbs, *The Poetics of Mind: Figurative Thought, Language and Understanding*, Cambridge: Cambridge University Press, 1994.

Rene Descartes, "Rules for the Direction of the Understanding", in Haldane E. S. and Ross G. R. T. eds., *The Philosophical Works of Descartes*, Vol. 2. Reprint, Cambridge: Cambridge University Press, 1970.

Rene Dirven and Marjolijin Verspoor, *Cognitive Exploration of Language and Linguistics*, Amsterdam: John Benjamin's, 1998.

Roger Brown, *Social Psychology*, New York: Free Press, 1965.

Ronald Langacker, *Foundations of Cognitive Grammar*, Stanford: Stanford University Press, 1986.

Sam Glucksberg, "How Metaphors Create Categories-Quickly", in Raymond W. Gibbs Jr. ed., *The Cambridge Handbook of Metaphor and Thought*, Cambridge: Cambridge University Press, 2008.

Shaun Gallagher, "Body Schema and Intentionality", in Jose Luis Bermudez, Anthony Maecel and Naomi Eilan eds., *The Body and the Self*, Cambridge, Mass: MIT Press, 1995.

Srini Narayanan, *Moving Right Along: A Computational Model of Metaphoric Reasoning about Events*, AAAI/IAAI, 1999.

Srini Narayanan, "Talking the Talk is Like Walking the Walk: A Computational Model of Verbal Aspect", in Shafto M. G. and Langley P. eds., *Proceedings of the Nineteenth Annual Conference of the Cognitive Science Society*, Mahwah, N. J. Erlbaum, 1997.

Terry Regier, *The Human Semantic Potential: Spatial Language and Constrained Connectionism*, Cambridge, Mass: MIT Press, 1996.

Velasco-Sacristánand and Fuertes-Olivera, "Olfactory and Olfactory-Mixed Metaphors in Print Ads of Perfumes", *Annual Review of Cognitive Linguistics*, Vol. 4, 2006.

Verena Haser, *Metaphor, Metonymy, and Experientialist Philosophy*, Berlin & New York: Mouton de Gruyter, 2005.

Warren Weaver, *The Mathematical Theory of Communication*, Urbana, Illinois: University of Illinois Press, 1949.

Zoltán Kovecses, "Recent Developments in Metaphor Theory: Are the New Views Rival Ones?", in Francisco Conzalvez-Grarcía, et al. eds., *Special Issue of Review of Cognitive Linguistics*, 2011.

Zoltán Kovecses, *Emotion Concepts*, New York: Springer-Verlag, 1990.

Zoltán Kovecses, *Metaphor: A Practical Introduction*, Oxford University Press, 2010.

Zoltán Kövecses, *Metaphor and Emotion*, in Raymond W. Gibbs Jr. ed., *The Cambridge Handbook of Metaphor and Thought*, Cambridge: Cambridge University Press, 2008.

D. 学位论文

崔艳辉：《隐喻与认知》，博士学位论文，吉林大学，2015年。

赵博：《对体验主义哲学的批判性评述》，博士学位论文，山东大学，2018年。

朱锋颖：《利科隐喻思想研究》，博士学位论文，吉林大学，2016年。

David Bailey, *A Computational Model of Embodiment in the Acquisition of Action Verbs*, Ph. D. dissertation, University of California, 1997.

Joseph Grady, *Foundations of Meaning: Primary Metaphors and Primary Scenes*, Ph. D. dissertation, University of California, 1997.

Srini Narayanan, *Embodiment in Language Understanding: Sensory-motor Representations for Metaphoric Reasoning about Event Descriptions*, Ph. D. dissertation, University of California, 1997.

G. 期刊中析出的文献

胡浩：《隐喻的真》，《自然辩证法研究》2009年第7期。

黄根生：《概念隐喻理论视角下的经验真理论》，《重庆理工大学学报》（社会科学版）2017年第4期。

蓝纯：《从认知角度看汉语的空间隐喻》，《外语教学与研究》1999年第7期。

蓝纯：《认知语言学：背景与现状》，《外语研究》2001年第3期。

李福印：《概念隐喻理论和存在的问题》，《中国外语》2005年第7期。

李福印：《如何阐释认知语言学》，《外语学刊》2009年第2期。

李福印：《思想的"形状"：关于体验性的实证研究》，《外语教学与研究》2005年第1期。

李福印：《研究隐喻的主要学科》，《四川外语学院学报》2000年第

4 期。

李福印：《意象图式理论》，《四川外语学院学报》2007 年第 1 期。

李福印、秦进平：《隐喻与认知研究 25 年（1980—2004）：成绩、问题与展望》，《中国外语》2007 年第 4 期。

李福印、张炜炜：《挑战 George Lakoff——〈隐喻、转喻及体验哲学：挑战认知语义学〉介绍》，《外语教学与研究》2007 年第 5 期。

李莉莉：《替代还是和解：论具身认知进路与标准认知科学之关系》，《哲学动态》2018 年第 2 期。

林书武：《〈隐喻与象似性〉简介》，《国外语言学》1995 年第 5 期。

林书武：《国外隐喻研究综述》，《外语教学与研究》1977 年第 1 期。

刘宇红：《George Lakoff 语言理论的发展历程》，《山东外语教学》2002 年第 5 期。

刘正光：《莱柯夫隐喻理论的缺陷》，《外语与外语教学》2001 年第 1 期。

鲁艺杰：《范畴的建构——莱考夫涉身隐喻意义理论的认知基础》，《学术交流》2016 年第 3 期。

骆洋：《多维视角下莱考夫概念隐喻理论浅析》，《现代语文》2013 年第 2 期。

石毓智：《〈女人，火，危险事物——范畴揭示了思维的什么奥秘〉评介》，《国外语言学》1995 年第 2 期。

束定芳：《从隐喻研究看认知语言学、修辞学和语用学之间的相互关系及启发》，《福建师范大学学报》（哲学社会科学版）2013 年第 5 期。

束定芳：《理查兹的隐喻理论》，《外语研究》1997 年第 3 期。

束定芳：《论隐喻产生的认知、心理和语言原因》，《外语学刊》2000年第2期。

束定芳：《论隐喻的本质及语义特征》，《外国语》1998年第6期。

束定芳：《论隐喻的基本类型及句法和语义特征》，《外国语》2000年第1期。

束定芳：《论隐喻的理解过程及其特点》，《外语教学与研究》2000年第4期。

束定芳：《论隐喻的认知功能》，《外语研究》2001年第2期。

束定芳：《论隐喻的语言修辞和社会修辞功能》，《山东师大外国语学院学报》2000年第1期。

束定芳：《论隐喻的运作机制》，《外语教学与研究》2002年第2期。

束定芳：《论隐喻与明喻的结构及认知特点》，《外语教学与研究》2003年第2期。

束定芳：《试论现代隐喻学的研究目标、方法和任务》，《外国语》1996年第2期。

束定芳：《隐喻研究的若干新进展》，《英语研究》2017年第2期。

束定芳：《隐喻研究中的若干问题与研究课题》，《外语研究》2002年第2期。

束定芳：《隐喻与换喻的差别与联系》，《外国语》2004年第3期。

苏立昌：《概念隐喻与传统意义理论研究之比较——概念隐喻认知语言学意义研究的特征及理论局限》，《天津师范大学学报》2008年第6期。

隋晓玲、刘欣：《隐喻的哲学意蕴》，《文化学刊》2015年第10期。

孙旻、郭翠：《莱考夫—约翰逊概念隐喻理论：批评质疑与发展》，《东方论坛》2013年第3期。

孙毅：《两代认知科学的分水岭——体验哲学寻绎》，《宁夏社会科学》2012年第3期。

田艳红：《隐喻的真理性问题》，《湖北社会科学》2015年第10期。

王葆华、梁晓波：《隐喻研究的多维视野——介绍〈隐喻学研究〉》，《外语教学与研究》2001年第5期。

王松鹤：《隐喻研究的划时代标志——莱考夫和约翰逊》，《外语学刊》2006年第3期。

王寅：《Lakoff & Johnson笔下的认知语言学》，《外国语》2001年第4期。

王寅：《认知语言学的哲学基础：体验哲学》，《外语教学与研究》2002年第2期。

王寅：《认知语言学之我见》，《解放军外国语学院学报》2004年第5期。

王寅：《体认语言学之语言哲学分析》，《外语研究》2019年第3期。

王寅：《体验哲学与认知语言学对语言成因的解释力》，《国外社会科学》2005年第6期。

王寅：《中西隐喻对比及隐喻工作机制分析》，《解放军外国语学院学报》2003年第2期。

王寅、李弘：《中西隐喻对比及隐喻工作机制分析》，《解放军外国语学院学报》2003年第2期。

魏在江：《概念转喻的体验哲学观》，《现代外语》2016年第3期。

文旭：《国外认知语言学研究综观》，《外国语》1999年第1期。

谢之君：《西方思想家对隐喻认知功能的思考》，《上海大学学报》2007年第1期。

许春艳：《西方哲学真理观的范式变革：过程及其实质》，《学术交流》2018年第9期。

叶蜚声：《雷柯夫、菲尔摩教授谈美国语言学问题》，《国外语言学》1982年第2期。

张蓓：《莱考夫的经验主义隐喻观探究》，《外语教学》1999年第3期。

张凤娟：《从原型范畴理论看隐喻的分类问题——对Lakoff隐喻分类方法的质疑》，《天津外国语学院学报》2008年第3期。

赵艳芳：《隐喻的认知基础》，《解放军外语学院学报》1994年第2期。

赵艳芳：《语言的隐喻认知结构——〈我们赖以生存的隐喻〉评介》，《外语教学与研究》1995年第7期。

朱莉华：《认知语言学哲学视角阐释》，《求索》2011年第12期。

Barbara Tversky and Kathleen Hemenway, "Object, Parts and Categories", *Journal of Experimental Psychology*, Vol. 113, No. 2, 1984.

Carl R. Hausman, "Language and Metaphysics: The Ontology of Metaphor", *Philosophy and Rhetoric*, Vol. 24, 1991.

Carolyn B. Mervis and Eleanor Rosch, "Categorization of Nature Objects", *Annual Review of Psychology*, Vol. 32, 1981.

Diego Fernandez-Duaue and Mark Johnson, "Cause and Effect Theories of Attention: The Role of Conceptual Metaphors", *Review of General Psychology*, Vol. 6, No. 2, 2002.

Dedre Gentner and Brain F. Bowdle, "Convention, Form, and Figurative Language Processing", *Metaphor and Symbol*, Vol. 16, 2001.

Eleanor Rosch, Carol Simpson and R. Scott Miller, "Structural Bases of Typically Effects", *Journal of Experimental Psychology: Human Perception and Performance*, Vol. 2, 1976.

Eleanor Rosch, "Cognitive Reference Points", *Cognitive Psychology*, Vol. 7, 1975.

Eleanor Rosch, "Cognitive Representations Semantic Categories", *Journal of Experimental Psychology, Vol. 104, 1975.

George Lakoff, "A Figure of Thought", *Metaphor and Symbolic Activity*, Vol. 3, 1986.

Joseph Grady, "Theories are Buildings Revisited", *Cognitive Linguistics*, Vol. 8, No. 4, 1997.

Lotfi Zadeh, "Fuzzy Sets", *Information and Control*, Vol. 8, 1965.

Marisol Velasco-Sacristánand and Pedro A. Fuertes-Olivera, "Olfactory and Olfactory-Mixed Metaphors in Print Ads of Perfumes", *Annual Review of Cognitive Linguistics*, Vol. 4, 2006.

Mark Johnson and Steve Larson, "Something in the Way She Moves-Metaphors of Musical Motion", *Metaphor and Symbol*, Vol. 18, No. 2, 2003.

Mark Turner and Gills Fauconnier, "Conceptual Integration and Formal Expression", *Metaphor and Symblic Activity*, Vol. 10, 1995.

Matthew Mcglone, "What is the Explanatory Value of a Conceptual Metaphor?", *Language & Communication*, Vol. 2, 2007.

Michael L. Slepian and Nalini Ambady, "Simulating Sensorimotor Metaphors: Novel Metaphors Influence Sensory Judgments", *Cognition*, Vol. 130, 2014.

Ning Yu, "Beijing Olympics and Beijing Opera: A Multimodal Metaphor in A CCTV Olympics Commercial", *Cognitive Linguistics*, Vol. 22 – 23, 2011.

Ning Yu, "Metaphor, Body and Culture: The Chinese Understanding of Gallbladder and Courage", *Metaphor and Symbol*, Vol. 18, 2003.

Paul Kay and Chad K. McDaniel, "The Linguistic Significance of the Meanings of Basic Color Terms", *Language*, Vol. 58, 1978.

Raymond Gibbs and Herbert L. Colston, "The Cognitive Psychological

Reality of Image Schemas and Their Transformations", *Cognitive Linguistics*, Vol. 4, 1995.

Rositsa Ishpekova, "Conventional Conceptual Metaphors and the Idealized Cognitive Models of Animals", *Contrastive Linguistics*, Vol. 19, 1994.

Ruth Verbrugge and Nancy S. McCarrell, "Metaphoric Comprehension: Studies in Reminding and Resembling", *Cognitive Psychology*, Vol. 9, 1977.

Sam Glucksberg and Matthew S. Mcglone, "When Love Is not a Journey: What Metaphors Mean", *Journal of Pragmatics*, Vol. 31, 1999.

Vittorio Gallese and George Lakoff, "The Brain's Concept: The Role of the Sensory-Motor System in Conceptual Knowledge", *Cognitive Neuropsychology*, Vol. 22, No. 3 – 4, 2005.

Wang Xiaolu, "A Review of FMRI Investigations into the Neural Mechanisms of Metaphor Comprehension", *Chinese Journal of Applied Linguistics (Quarterly)*, Vol. 4, 2013.

I. 电子文献

John Brockman, A Talk with George Lakoff, http://www.edge.org/3rd_culture/lakoff/lakoff_p5.html, 1999.

Robert Harris. A Selection of Rhetorical Devices and Literary Terms, https://www.uky.edu/ArtsSciences/Classics/Harris/rhetform.html, 2001.